CW01638651

Le • Musée • vivant • du • bord • de • mer

Couverture : Monique Wender
Maquette intérieure et mise en pages : Monique Wender
Préparation : Marie-Paule Rochelois
Correction : Monika Gabbay

Cet ouvrage ne peut être reproduit, même partiellement et sous quelque forme que ce soit (photocopie, décalque, microfilm, duplicateur ou tout autre procédé analogique ou numérique), sans une autorisation écrite de l'éditeur.

ISBN : 978-2-603-02000-5

© Delachaux et Niestlé SA, Paris, 2014
Dépôt légal : Octobre 2014

Tous droits d'adaptation, de traduction et de reproduction réservés pour tous pays.

CHARTE
Delachaux et Niestlé

1. L'éditeur nature de référence **depuis 1885.**
2. Le fonds éditorial le plus complet en langue française avec **plus de 250 ouvrages** consacrés à la nature et à l'environnement.
3. Des auteurs **scientifiques et naturalistes reconnus.**
4. Les **meilleurs illustrateurs naturalistes,** pour la précision et le réalisme.
5. Des ouvrages spécifiquement adaptés à l'utilisation sur le terrain.
6. Des **contenus actualisés** régulièrement pour relayer les avancées scientifiques les plus récentes.
7. Une **démarche éco-responsable** pour la conception et la fabrication de nos ouvrages.
8. Une **approche pédagogique** qui sensibilise les plus jeunes à l'écologie.
9. Une réflexion qui éclaire les grands débats sur l'environnement (biodiversité, changement climatique, écosystèmes).
10. Une implication aux côtés de tous ceux qui œuvrent en faveur de la **protection de l'environnement** et de la conservation de la biodiversité.

*Retrouvez le **détail de la Charte** sur :* www.delachauxetniestle.com

Remerciements

En premier lieu, je tiens à remercier Sébastien Dugravot, puisque c'est après une fameuse partie de pêche à la palourde qu'on s'est entendu dire : « Ce qui serait bien, ce serait de faire un livre sur le littoral ! » Merci beaucoup pour ton aide, Sébastien, et pour la motivation que tu m'as insufflée. Le petit Noé partira bientôt lui aussi à la découverte de l'estran. Un grand merci à ma petite sœur Marlène Goubault, pour ton soutien indéfectible et pour tant d'autres choses qui me sont si chères. Julian et Nathan, ce livre a été fait en pensant à vous. Je souhaite faire un signe amical à la famille Lacorne, chez qui j'allais enfant en vacances et en mer relever les casiers à homards. Mes chaleureux remerciements à la famille Fournis qui m'a toujours accueillie avec générosité dans la « Petite maison de la cale de Launay ». Yann, merci pour ta délicieuse amitié. Merci aux Concarnois qui m'ont aidée, à la famille Rapidel et à Fabienne Fevre Burdy. J'adresse toute ma reconnaissance et mes vifs remerciements à mes chers collègues de l'Université de Rennes 1, Maxime Hervé, Denis Poinsot, Anne-Marie Cortesero et Frédéric Ysnel. Ainsi qu'à Jean Lepigouchet (Fédération nationale des pêcheurs plaisanciers et sportifs de France), Jean-Michel Lair (Maison de la baie du Mont-Saint-Michel), Arnaud Barbé (mytiliculteur), Julien Loubet et Jadwiga Orignac (Observatoire océanologique de Banyuls), Stéphane Henard (Centre national de la mer Nausicaá) et Jacques Pigeot (IODDE).
Et enfin mes respectueux remerciements à mes relecteurs scientifiques : Franck Gentil et Philippe Potin (Station biologique de Roscoff). Anne Péron (Marinarium de Concarneau). Franck Zal (Hemarina). Jean-Baptiste Bonnin (CPIE Marennes-Oléron – Association IODDE). Maryvonne Charrier, Alex Carpentier, Éric Feunteun et Michèle Tarayre (Université de Rennes 1).

Le • Musée • vivant • du • bord • de • mer

Sonia Dourlot

delachaux et niestlé

Ce livre s'adresse aux curieux de nature, aux passionnés d'histoire naturelle désireux d'en apprendre plus sur la flore et la faune qui peuplent le littoral. La découverte de la nature qui nous entoure est un chemin exaltant et sans fin, ensemencé de petites graines qui n'en finissent pas de germer et de nous offrir des formes et des couleurs que nous n'avions encore jamais imaginées. Ce livre trouve sans aucun doute sa genèse dans mon enfance, lors de mes séjours à la mer, à Concarneau, où mes parents passaient immanquablement leurs vacances annuelles. Les heures se succédaient paisiblement au bord de la mer pendant que mon père pêchait, ma mère bronzait et je découvrais les alentours avec passion… J'explorais ce milieu inconnu et exotique pour une enfant de Franche-Comté. Chaque cuvette d'eau laissée par la marée m'offrait des moments dignes des safaris africains. Chaque algue délicatement écartée pouvait laisser entrevoir une crevette fugitive, un crabe belliqueux, un bigorneau placide ou encore une étoile de mer… sans queue ni tête ! Chaque pierre soulevée mettait au jour une multitude d'espèces dont l'observation nécessitait de déjouer la stratégie de mimétisme mise en œuvre par l'animal. Quelques décennies plus tard, alors que je travaillais à l'Université de Rennes et que je venais de publier un livre sur les insectes qui me sont si chers, l'idée de faire découvrir le bord de mer fit son apparition. J'espère qu'il satisfera votre curiosité et vous sensibilisera à cette généreuse nature dont il est grand temps de prendre soin. Bonne découverte !

Sonia Dourlot

À la découverte du littoral

La France bénéficie de 5 500 kilomètres de côtes bordées de la mer du Nord, de la Manche, de l'océan Atlantique et de la mer Méditerranée. La mer, sans doute de par son immensité (70 % de la Terre est couverte par les océans), nous pousse souvent à l'humilité. Elle représente une sorte « d'entité vivante » qui ne laisse personne indifférent. « On va voir la mer », comme on rend visite à quelqu'un. Pour une âme naturaliste, le bord de mer est un milieu exceptionnel et toujours généreux en découvertes. Que l'on habite le bord de mer ou que l'on y vienne en vacances, que l'on crapahute en culottes courtes ou que l'on se promène tranquillement, cet environnement naturel ne cesse d'émerveiller. Élément indispensable pour notre planète, elle représente la vie. Véritable poumon de la Terre, le phytoplancton (plancton végétal) qui y vit apporte environ un tiers de l'oxygène de l'air et absorbe des millions de tonnes de gaz carbonique par an. Le phytoplancton synthétise son énergie du gaz carbonique grâce à la lumière, et il constitue la base de la chaîne alimentaire. Aussi, il faut savoir que quand nous mangeons un poisson de 1 kilogramme, ce dernier s'est nourri de 10 kilogrammes de petits poissons qui avaient eux-mêmes ingéré 100 kilogrammes de zooplancton (plancton animal) qui ont, à leur tour, englouti 1 tonne de phytoplancton !

Le littoral est le lieu où se rencontrent la terre et la mer, il offre des paysages et des habitats remarquables et écologiquement très riches. L'estran est l'espace qui se situe dans la zone de balancement des marées, nommé aussi zone de marnage, et c'est principalement à ce milieu extrêmement fécond que cet ouvrage s'intéresse.

L'estran : un milieu d'alternance et d'une grande diversité

Sous l'influence des marées

Subissant l'attraction des astres, y compris en Méditerranée mais dans une moindre mesure, la mer monte et se retire deux fois par jour sur notre littoral ; c'est la marée. Les espèces qui vivent sur ce territoire, appelé zone intertidale, se sont adaptées pour survivre à cette alternance : tantôt émergées, tantôt immergées. La distribution des espèces se fait en fonction de la concurrence avec les autres occupants du milieu et de leur adaptation à l'émersion (résistance à la dessiccation, adaptation respiratoire etc.).

Ainsi les espèces qui occupent le haut de l'estran ne seront immergées qu'à l'occasion des grandes marées. Elles ne peuvent plus vivre en permanence sous l'eau, tout en dépendant de sa présence. C'est l'étage **supralittoral**.

Celles qui fréquentent le milieu de l'estran sont immergées et émergées deux fois pas jour. C'est une zone d'une grande richesse pour la biodiversité, appelée zone **médiolittorale**.

Les espèces qui vivent sur le bas de l'estran ne seront

Quelques mots à connaître pour une bonne lecture

Estran : zone de balancement des marées, aussi appelée zone de marnage.
Espèces benthiques : qui vivent sur le fond de la mer.
Espèces pélagiques : qui nagent ou flottent dans l'eau, souvent proche de la surface.
Gamète : cellule reproductrice. Spermatozoïde pour le mâle et œuf pour la femelle.
Plancton : organismes pour la plupart minuscules, d'origine végétale (phytoplancton) ou animale (zooplancton) qui vivent dans l'eau.
Substrat : élément sur ou dans lequel évoluent les espèces (roche, sable).

émergées qu'à l'occasion des grandes marées. Elles supportent les émersions de très courte durée et vivent sur la zone **infralittorale** supérieure. Et enfin, dans les cuvettes d'eau laissées par la marée sur le haut de l'estran vivent des espèces qui ne supportent pas la dessiccation mais qui ont la particularité d'être adaptées aux fortes variations de température (l'été en plein soleil) et de salinité (due à l'évaporation ou aux fortes pluies) qu'elles subissent.

La zonation de l'estran

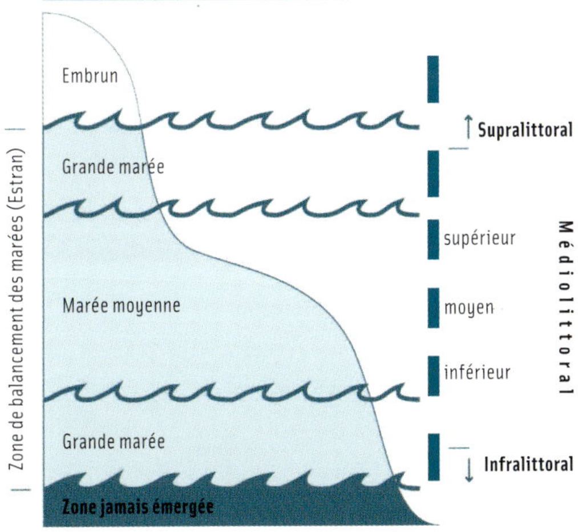

Le littoral dans sa diversité

En arrivant à la mer, de multiples milieux s'offrent à nos yeux. Ces divers espaces côtiers ont chacun un caractère singulier lié à des contraintes environnementales différentes : sel, vent, eau, alternance de périodes d'émersion et d'immersion due aux marées, puissance des vagues… Ces importantes contraintes très variables sont source d'une abondante biodiversité : en effet, des espèces différentes se sont adaptées à chaque milieu. C'est la raison pour laquelle toutes ces espèces ne se sont pas réparties au hasard, mais dans des zones bien spécifiques de l'estran.

Les falaises et côtes rocheuses

Sculptées sous l'action de la mer, les falaises et les côtes rocheuses sont soumises au climat, aux vents et aux embruns salés. Elles offrent une « hospitalité » ingrate où seules quelques espèces adaptées à ces conditions peuvent survivre.

Les roches et éboulis rocheux

La mer attaque et façonne le rivage : des rochers et des éboulis se forment. Dans la zone de balancement des marées, les espèces qui sont d'origine marine sont adaptées à cette alternance. Les espèces fixées au substrat s'établissent en formant des ceintures caractéristiques, bien visibles dans le cas de quelques algues. D'autres espèces bénéficient des anfractuosités creusées dans les blocs de roche. Certaines espèces sont en mesure de résister à l'assaut des vagues (mode battu) qui peut, par endroits, être particulièrement puissant.

Les plages sableuses

Les plages de sable peuvent être très étendues, comme sur la façade Atlantique. Elles résultent de la sédimentation des roches et des débris de coquilles brisées par la mer. Ces estrans meubles hébergent des espèces adaptées à l'enfouissement mais qui diffèrent selon que les sédiments sont grossiers ou fins et que la plage est exposée aux vagues (mode battu) ou abritée (mode abrité).

Les estuaires

Les estuaires constituent des espaces particuliers où l'eau douce vient à la rencontre de l'eau de mer. Les alluvions s'y déposent et les espèces qui fréquentent ce milieu résistent à de grands écarts de salinité. Les estuaires conviennent également à de nombreuses espèces qui en font leur zone de nourrissage et quelquefois de nurserie.

Sommaire

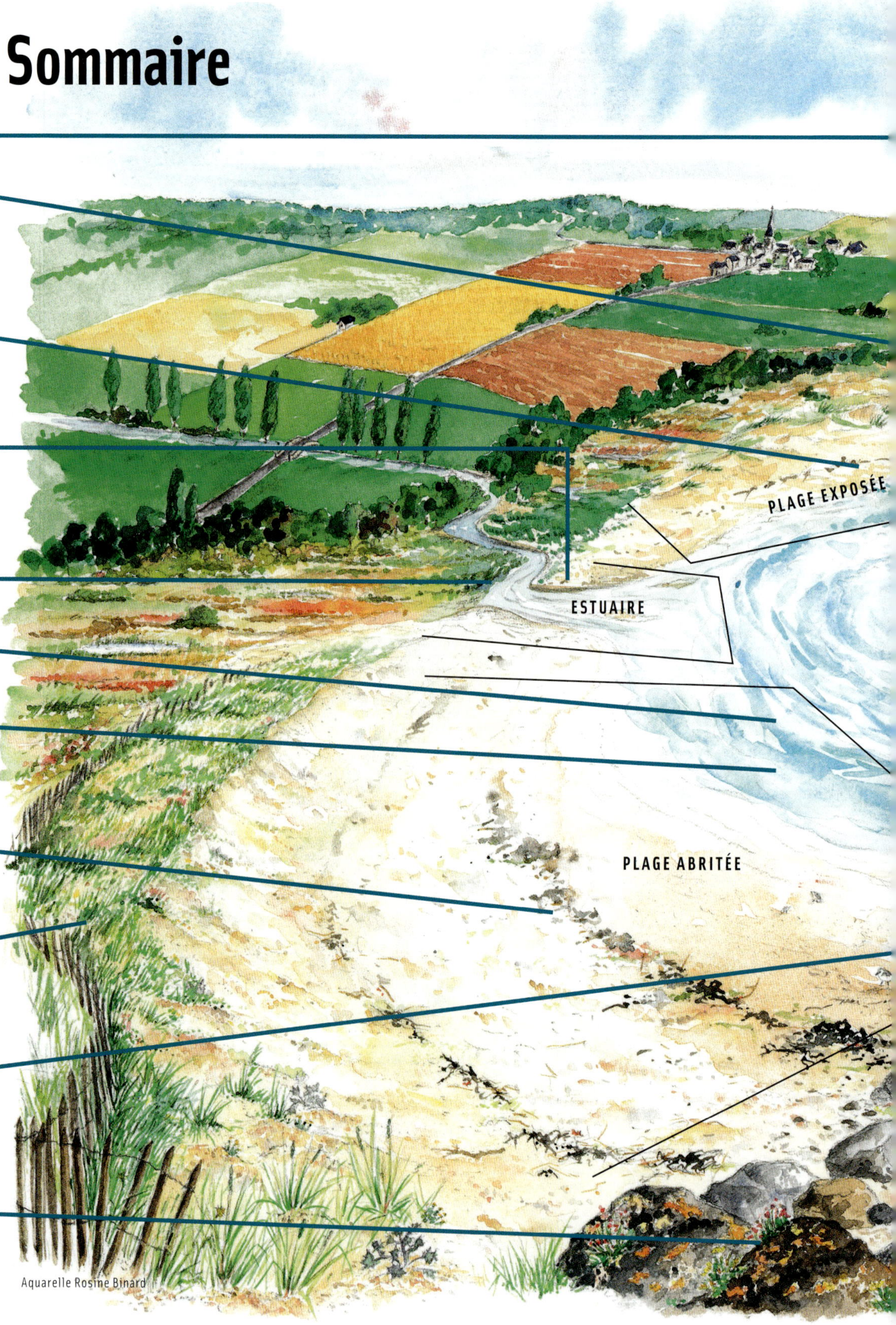

Aquarelle Rosine Binard

64 70 72 86 82 92
44 52 162 100 122 40 164
38 178 140 36
84 136 108
180 68 156 184
118 78 102 32 34
96 106 76 154 66
48 158 176
94 30 152
54 98 88
ROCHERS EXPOSÉS
ROCHERS ABRITÉS

La marée : un phénomène !

Expliquée en des temps lointains par le battement du cœur de la Terre ou par la respiration de monstres marins, la marée est un phénomène surprenant pour qui la voit pour la première fois. Ce sont en fait de grandes forces astronomiques agissant sur un énorme volume d'eau (les océans couvrent 70 % de la surface du globe) qui sont à l'origine du phénomène des marées.

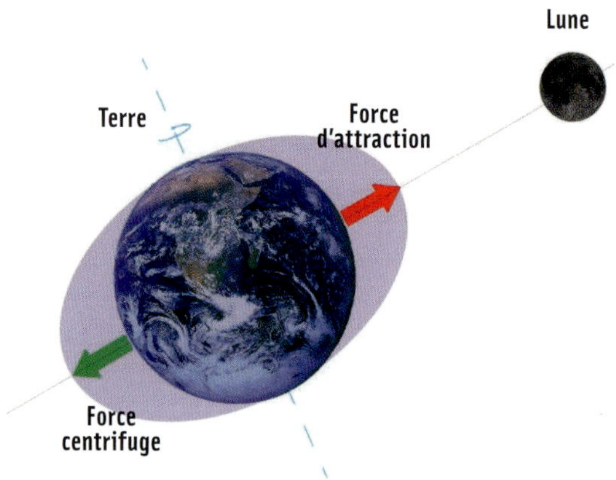

Pourquoi la mer monte et descend ?

La force d'attraction du Soleil et de la Lune. La masse d'eau à la surface de la Terre est soumise à l'attraction du Soleil et surtout à celle de la Lune (plus proche de la Terre). Lorsque la Lune et le Soleil sont alignés (syzygie), l'attraction est au plus fort, et les marées sont le plus importantes ; il est alors temps de chausser les bottes et se munir d'un seau pour aller à la recherche des petites bêtes que la marée mettra à découvert.

La force centrifuge. La rotation de la Terre sur elle-même induit une autre force : la force centrifuge. Comme sur un manège, les corps ont tendance à être projetés vers l'extérieur et s'éloigner du centre de rotation. Cette force, opposée à la force d'attraction (qui permet aux astres de conserver leur orbite), est le deuxième élément qui entre en jeu dans le phénomène des marées.

Deux marées par jour. De manière schématique, le volume d'eau sur Terre soumis aux deux forces opposées prend la forme d'un ballon de rugby. C'est la Terre, en effectuant une rotation sur elle-même en 24 heures au sein de ces forces, qui nous offre deux marées basses et deux marées hautes par jour.

Des paramètres moins prévisibles. Malgré un coefficient de marée connu, il se peut que la marée ne « découvre » pas autant que ce que l'on pouvait attendre et provoque quelques petites déceptions. En effet, deux autres paramètres moins prévisibles peuvent intervenir. La pression atmosphérique joue un rôle sur la surface océanique, qui se creuse sous l'effet d'une atmosphère plus lourde ou se soulève lors d'une atmosphère plus légère. De même, un vent du large puissant qui ramène les vagues contre le littoral peut provoquer une élévation du niveau de l'eau (jusqu'à un mètre).

L'indispensable annuaire des marées

S'il existe une formule très compliquée pour calculer les marées, le plus simple est de consulter l'annuaire des horaires ! Muni de ce petit livret, le bassier (pêcheur à pied de basse marée) est prêt à partir à l'heure et surtout est en mesure de ne pas se faire surprendre par les eaux.

Qu'est-ce que le coefficient de marée et la hauteur d'eau indiquée dans l'annuaire des marées ? Quand le marnage est grand, on parle de grande marée ou de **marée de vive-eau**. À l'inverse, un faible marnage correspond à une petite marée ou **marée de morte-eau**. En simplifiant, les coefficients des marées s'expriment entre 20 et 120. Ils indiquent l'importance du marnage : 120 correspond à la marée de vive-eau exceptionnelle, 95 à une marée de vive-eau moyenne, 70 à la marée moyenne, 45 à une marée de morte-eau moyenne et 20 à

la marée de morte-eau exceptionnelle. Pour éviter les accidents, les cartes marines indiquent le zéro hydrographique. C'est le niveau le plus bas où la mer peut descendre, coefficient de 120. La hauteur d'eau indiquée dans l'annuaire des marées correspond à la hauteur de l'eau par rapport au zéro hydrographique.

À chaque jour sa marée

Un décalage journalier. La Lune effectue sa période de rotation autour de la terre en 27,3 jours soit une progression moyenne de 13 degrés par jour. C'est cet écart qui décale l'heure des marées de 50 minutes en moyenne par jour.

La marée et les phases de la Lune. La marée est une conséquence des forces des astres. Ces astres en se déplaçant influent de manière différente chaque jour. En observant un calendrier des marées, on voit que la hauteur des marées décroît pendant environ 8 jours et croît pendant les 8 jours suivants. Si l'on superpose un calendrier lunaire, on remarque que les marées de vive-eau se produisent toujours en période de pleine ou de nouvelle Lune, et, à l'inverse, les marées de morte-eau ont lieu lors des premiers ou derniers quartiers de Lune. Les marées les plus fortes sont donc dues à l'alignement de la Terre, de la Lune et du Soleil.

La marée d'équinoxe

Le Soleil n'est pas toujours dans le plan de l'équateur terrestre. Il ne l'est même que deux fois par an, c'est ce que l'on appelle l'équinoxe (le jour

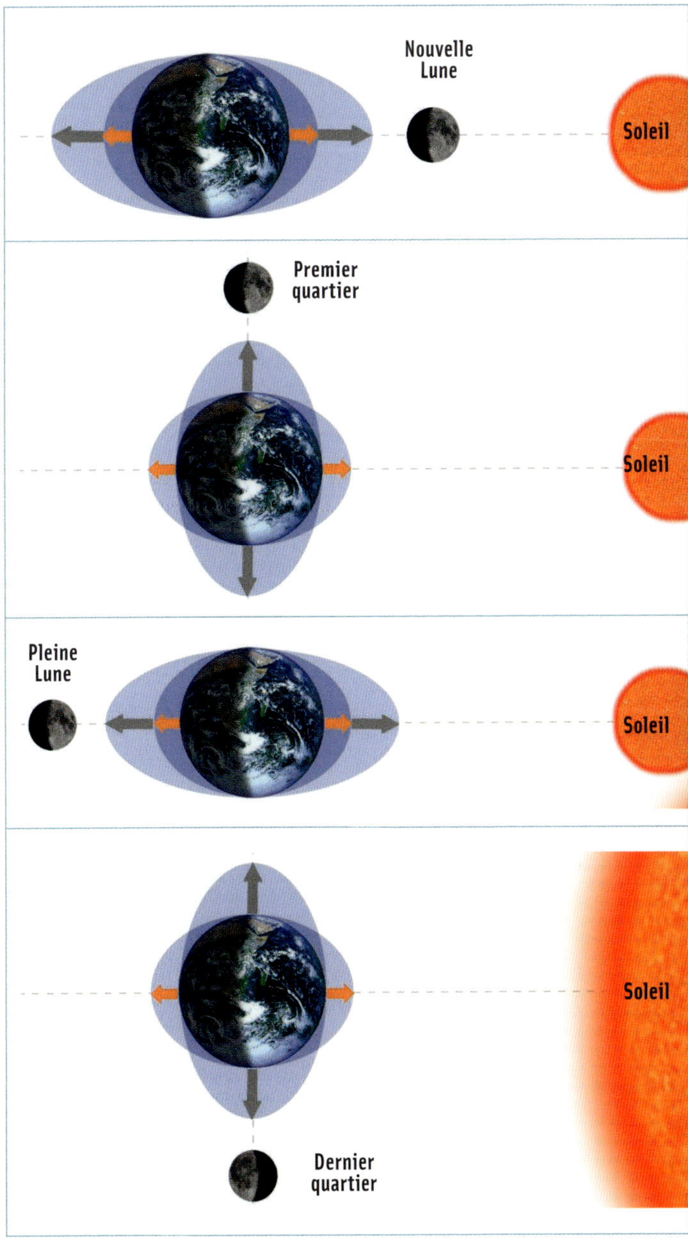

Marée de vive-eau en nouvelle Lune : les 3 astres sont alignés (syzygie), les forces s'additionnent, les marées sont importantes.

Marée de Morte-eau en premier quartier de Lune : la Lune et le Soleil forment un angle droit avec la Terre (quadrature), les marées sont faibles.

Marée de vive-eau en pleine Lune : les 3 astres sont alignés (syzygie), les forces s'additionnent, les marées sont importantes.

Marée de morte-eau en premier quartier de Lune : la Lune et le Soleil forment un angle droit avec la Terre (quadrature), les marées sont faibles.

et la nuit ont alors exactement la même durée). Une marée d'équinoxe est une marée de vive-eau qui coïncide avec une période d'équinoxe de printemps ou d'automne.

La marée du siècle

Une marée d'équinoxe emplifiée par une nouvelle ou pleine Lune, qui est sur le point de son orbite le plus proche de la Terre, donne lieu à ce que l'on appelle une marée du siècle : son coefficient est supérieur à 117. La prochaine aura lieu le 21 mars 2015, puis au printemps 2033…

Il y a tout de même une constance. Tous les quinze jours l'heure de la marée est sensiblement la même en un endroit donné. Ainsi le pêcheur à pied assidu remarquera que les marées basses des marées de vive-eau se situent sensiblement aux mêmes heures d'un mois à l'autre.

L'heure des marées n'est pas la même dans chaque port. Les continents et leur forme, la profondeur de l'eau sont autant de paramètres qui contraignent la progression de la marée en une onde irrégulière. Ainsi la marée peut être basse à Roscoff quand elle est haute à Boulogne. L'horaire de marée est décalé suivant la progression de l'onde de marée qui peut être très libre ou fortement contrainte par la géographie des côtes.

L'énorme masse d'eau déplacée par le phénomène des marées freine la rotation de la Terre. Ainsi la durée du jour augmente d'une seconde tous les mille ans.

Y a-t-il des marées en mer Méditerranée ? Oui, mais comme la mer Méditerranée est une petite mer fermée de faible profondeur, l'attraction des astres n'a que peu d'influence sur le volume d'eau. Les marnages les plus forts représentent une quarantaine de centimètres d'eau et sont donc très peu visibles, voire complètement neutralisés par un vent ou une pression atmosphérique contraire.

La pêche à pied

Si elle ne nourrit pas toujours son homme, la pêche à pied est toujours l'occasion de passer une belle journée en bord de mer, de tirer avantage d'une bonne bouffée d'iode et d'oxygène et de découvrir un milieu qui ne manque pas de nous étonner et d'attiser notre curiosité.

La mer et ses dangers

La mer, comme la montagne, est un milieu qui peut être plus dangereux qu'il n'y paraît. Se renseigner auprès des habitués du lieu est une démarche qui peut s'avérer salutaire. Chaque année il y a des victimes, piégées par la marée qui remonte, et ce danger ne doit pas être négligé. Un moment de distraction et les rochers sur lesquels nous sommes occupés à débusquer les crabes peuvent devenir des îlots qui se réduisent comme peau de chagrin, encerclés par une mer de plus en plus haute. Même sur des grandes étendues sableuses, des dénivelés imperceptibles peuvent occasionner la formation de bancs de sable isolés et encerclés par des courants. Selon les endroits, ces derniers peuvent être si importants qu'ils deviennent dangereux pour un mauvais comme pour un bon nageur. De même, le mauvais temps doit conduire à plus de vigilance. L'arrivée d'un brouillard peut nous soustraire tout point de repère et conduire à de graves situations. Aussi, une boussole dans sa besace peut s'avérer utile. Il est indispensable de partir en connaissant l'heure où la marée remontera – et avoir une montre. De même, il est recommandé d'indiquer à un proche l'itinéraire ou le lieu de sa promenade.

Contrairement à certaines rumeurs qui voudraient que ce soit pour limiter la pêche, les interdictions temporaires de pêche, dues à une qualité d'eau médiocre ou à la présence de micro-algues toxiques dans certains secteurs, sont décidées dans le but de protéger les consommateurs.

Pour une pêche à pied respectueuse et durable

Près de 1,8 million de Français apprécient la pêche à pied ! Généreux mais fragiles, ces milieux doivent être respectés. Une simple roche de l'estran abrite en moyenne quatre-vingts espèces différentes. Certaines ont besoin de soleil (comme les algues et les coquillages « brouteurs ») : elles vivent sur le dessus des pierres. D'autres, au contraire, recherchent l'humidité et l'abri de la roche : c'est le cas des éponges, des ophiures, etc. C'est aussi sous les roches que pondent certains animaux. Les biologistes prouvent que sur une pierre qui n'est pas remise dans sa position initiale (dessous exposé au soleil), 50 à 70 % de la biodiversité résidente est amenée à mourir, ce qui est énorme ! Il est donc primordial de remettre les pierres dans le bon sens. De même, les estrans meubles ne méritent pas d'être labourés : il faut apprendre à repérer les trous des coquillages recherchés pour limiter l'impact, et éviter l'utilisation d'outils destructeurs. Préserver un gisement, c'est aussi respecter les tailles minimales de capture (mailles) qui garantissent que les individus prélevés se soient déjà reproduits. Elles sont généralement réglementaires, et parfois intuitives : pourquoi pêcher un crustacé ou un coquillage minuscule qui ne donnera rien à manger ? De même, les quantités de récolte doivent être raisonnables. Elles sont dans certains cas soumises à réglementation. Enfin, relâcher les crustacés grainés (femelles avec des œufs) est un geste plein de sagesse.

La réglementation de la pêche à pied évolue et n'est pas la même selon les régions, il est donc important d'en prendre connaissance auprès des Affaires maritimes ou dans les associations ou Offices du tourisme locaux.

Faisons le pari que la pêche à pied pourra perdurer, et respectons tous ces quelques règles de bon sens !

Flore

Au contact de la mer, la flore du littoral se voit exposée à un environnement particulièrement difficile (sel, vent, ensoleillement intense, aridité voire mobilité du sol). Les adaptations développées par les plantes pour résister à ces conditions très particulières nous offrent une biodiversité des plus étonnantes.

Derrière les ganivelles, l'oyat participe à la fixation des dunes.

L'Oyat (*Ammophila arenaria*)

Face intérieure et coupe de la feuille

Plante du bord de mer
Famille : Poacées (Graminées)
Distribution : mer du Nord, Manche, Atlantique et Méditerranée

Habitat : dunes du littoral. Elle est utilisée pour fixer le sable et ainsi stabiliser les dunes mobiles.

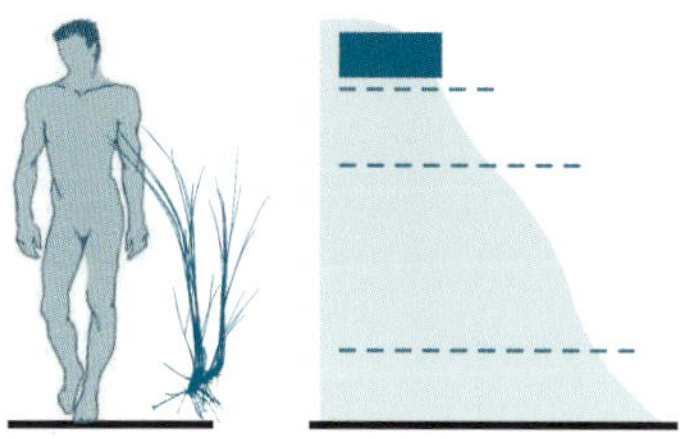

S'il est une plante qui sait survivre à des conditions inhospitalières, c'est bien l'Oyat ! C'est pour cette qualité qu'elle est la plante bienfaitrice qui fixe les dunes mobiles (qui se déforment ou se déplacent sous l'action du vent). Déposé par la marée, le sable des plages du littoral est ensuite déplacé sous l'action du vent vers le haut du littoral pour former des dunes. Déjà au XVIIe siècle, il était préconisé de planter de l'Oyat sur les rivages du nord de la France pour freiner la progression du sable. Deux siècles plus tard, l'État décide de prendre en charge l'élaboration d'un cordon dunaire stabilisé par la végétation afin de se prémunir de l'ensablement dû à la progression des dunes vers les terres. Des milliers de pins maritimes sont également plantés à cet effet en Aquitaine. Pour protéger ces plantations du sable soulevé de la zone dunaire qui les sépare de la mer, l'édification d'un cordon littoral en front de mer s'est ensuivie. Un cordon au « profil idéal » se constitue d'un talus pentu qui soulève le vent et les embruns salés du sol, suivi d'un plateau. Cet ensemble forme une première dune mobile (appelée dune blanche) plantée d'Oyats qui renforce la barrière et permet la végétalisation de la zone précédant les pins (dune grise).

Tout comme la Queue de lièvre (voir p. 16), l'Oyat, aussi appelé Orge des sables, appartient à la famille des Poacées (ou Graminées). Son nom latin *Ammophila* (qui aime le sable) *arenaria* (sable) revendique doublement et sans équivoque son attrait pour les dunes. Très présent sur le littoral atlantique, il l'est un peu moins sur le littoral méditerranéen. Importé aux États-Unis pour, là encore, fixer les dunes, il est considéré aujourd'hui comme une plante invasive dont il est quelquefois difficile de limiter la prolifération.

Les épis compacts formés de nombreux épillets à fleur unique apparaissent en juin et peuvent être observés jusqu'en septembre. Mais la reproduction est principalement végétative, par rhizomes. L'apport régulier de sable provoque l'enfouissement de la plante et favorise son développement. Ses rhizomes très longs progressent et émettent de nouvelles touffes en surface et de profondes racines adventives à chaque nœud. C'est cet entrelacs souterrain qui fixe la dune. La partie aérienne, qui mesure jusqu'à un mètre, est un efficace brise-vent capable de résister à l'assaut des tempêtes et aux sécheresses des dunes grâce à une feuille particulièrement adaptée (voir photo). La surface inférieure de la feuille est imperméable et coriace et la surface supérieure s'enroule lorsque l'air se fait sec, pour former une petite cavité étroite qui limite la déshydratation.

Aujourd'hui, après une préservation statique contrôlée et lorsque les dunes ne menacent pas l'activité humaine, on ne cherche plus à fixer les dunes mais à les stabiliser en gardant une dynamique naturelle.

Épis

La Queue de lièvre
(*Lagurus ovatus*)

Plante du bord de mer
Famille : Poacées (Graminées)
Distribution : mer du Nord, Manche, Atlantique et Méditerranée
Habitat : dunes de sable fixées du littoral

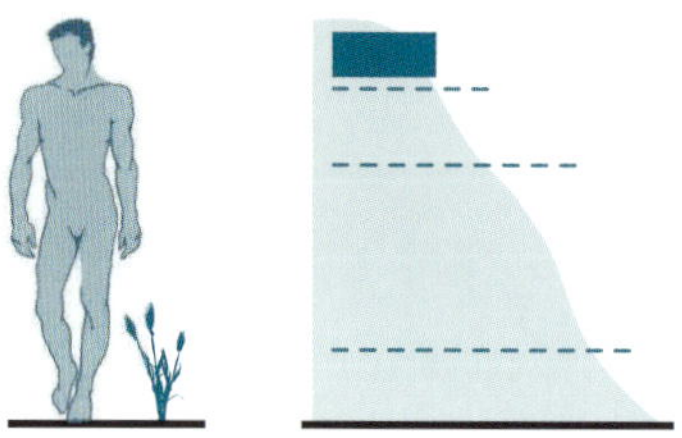

C'est l'aspect duveteux et la forme de l'inflorescence de cette plante qui lui a valu le doux nom de *Lagurus* (du grec *lagos*, lièvre, et *oura*, queue) *ovatus* (en latin : en forme d'œuf). On l'appelle aussi Chaton. De la famille des Poacées (Graminées), la Queue de lièvre est une plante annuelle donnant une inflorescence hérissée d'épillets duveteux (petits épis, très petites fleurs, caractéristiques des graminées). L'inflorescence, d'abord vert pâle en mai et juin, devient blanchâtre en juillet et août. Elle laisse apparaître lors de la floraison les anthères des étamines (voir photo) et la pollinisation se fait au gré du vent. Juchés au bout d'une fine mais solide tige résistante aux violents coups de vent du littoral, les épis desséchés à la fin de l'été donneront le spectacle des « petits pinceaux agités » encore un long moment. Scintillant à contre-jour d'un soleil couchant, le spectacle est à son comble.

Depuis 1902, date du couronnement du roi Édouard VII et de la reine Alexandra, l'île de Jersey organise chaque année au mois d'août un grand défilé de chars décorés de fleurs de Queue de lièvre colorées, qui se transforme en bataille de fleurs. Cette coutume perdure encore de nos jours, même si les Asters, plus colorés, se substituent peu à peu aux Queues de lièvre.

La Queue de lièvre pousse dans les zones sableuses du littoral et sur la dune grise, c'est-à-dire la dune fixée, derrière la dune blanche (mobile), moins exposée aux embruns et souvent entièrement recouverte d'une végétation permettant son maintien. La Queue de lièvre participe donc à la fixation des dunes. Originaire du Bassin méditerranéen, elle gagne la Bretagne depuis une cinquantaine d'années et progresse pour atteindre le pays du Boulonnais.

Résultant sans doute d'une envie de naturel, de légèreté et de liberté, les graminées sont une tendance très actuelle de nos jardins, et la Queue de lièvre y trouve toute sa place. En outre, elle ne demande aucun entretien et se ressème naturellement d'une année sur l'autre sans devenir envahissante. Cueillie au mois d'août et séchée la tête en bas, on en trouve encore souvent en bouquet sec dans les maisons du bord de mer.

Inflorescence duveteuse

Anthères des étamines

L'Armérie maritime (*Armeria maritima*)

Plante du bord de mer
Famille : Plumbaginacées
Distribution : mer du Nord, Manche et Atlantique
Habitat : sur les pelouses et falaises du littoral

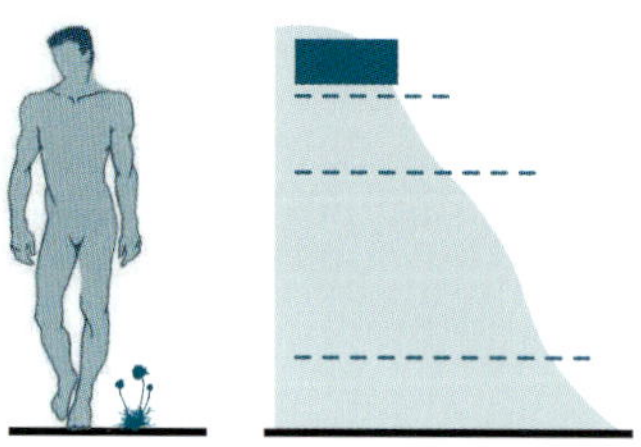

Au printemps, la fleur de cette plante offre des couleurs spectaculaires à notre littoral. C'est généralement entre mai et juin que surgissent, des pelouses du bord de mer, les inflorescences roses, parfois pâles ou très rarement blanches, de l'Armérie maritime. Composés d'une multitude de fleurs à cinq pétales regroupées au bout d'une longue tige grêle, ces pompons roses (en cymes capituliformes) ballottés par le vent de mer, parfois déchaîné, s'offrent en ballet. Si, en arrière-plan, la lumière et la couleur de la mer sont au rendez-vous, vous serez comblés par le spectacle !

L'hiver, ne sont visibles que d'épais coussins ancrés dans le sol et composés de feuilles vert foncé, étroites et allongées. Cette espèce pérenne est particulièrement résistante au vent, aux embruns salés et à la sécheresse. En effet grâce à sa racine pivotante, elle est capable de se développer jusque dans les plus fines fissures des falaises. Son rhizome charnu lui permet de stocker l'eau et ses petites feuilles limitent l'évaporation. Mais c'est aussi une espèce qui peuple les pelouses maritimes, les marais salants et les estuaires. Résistante également aux métaux lourds, elle s'est vue fleurir les terrils des sites miniers. En fait, l'endurance de cette plante lui permet l'implantation en milieux contraints et lui évite de se confronter à la concurrence.

Si les fleurs produisent peu de nectar, il s'en échappe une légère odeur de miel qui attire les bourdons, les abeilles et les syrphes (petites mouches

en habit de guêpe). Ces insectes contribuent à la fertilisation des fleurs et ainsi à la production des graines (reproduction sexuée). La graine (mature en trois à quatre semaines) loge dans une petite capsule transparente qui lui confère une portance aux vents. Résistante, elle peut aussi être portée par la mer, pour s'établir à distance. Excepté sur les falaises trop exposées, la plante fleurit chaque année. La reproduction végétative est plus rare, elle se produit lorsque la plante est abîmée.

Appelé parfois Gazon d'Olympe ou Œillet marin, l'Armérie maritime tient son nom de la mer puisque, issu du celtique, *ar mor* signifie « la mer ». Peu exigeante et facile à cultiver, elle est largement commercialisée pour agrémenter nos jardins. Elle fait partie de la famille des Plumbaginacées.

Lors de leur visite, les insectes pollinisent les fleurs.

Le Perce-pierre est capable de prendre racine dans les plus minces interstices.

La Criste marine ou **Perce-pierre** (*Crithmum maritimum*)

Plante du bord de mer
Famille : Apiacées (Ombellifères)
Distribution : mer du Nord, Manche, Atlantique et Méditerranée
Habitat : dans les rochers, les falaises, entre les pierres des murs ou encore dans le sable du littoral

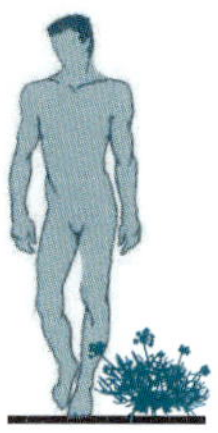

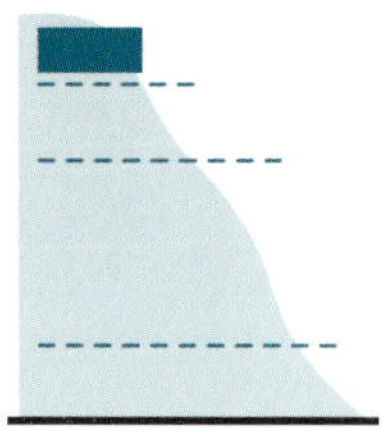

Cette plante de couleur discrète est commune sur les falaises et les corniches en bord de mer. Elle arrive aussi à pousser dans les vieilles pierres des murs de mise à l'eau et des fortifications. Elle se caractérise en effet par sa remarquable résistance aux conditions difficiles. Cette plante halophile (plante qui « aime le sel ») ne craint pas les embruns. Elle fait face, sans plier, aux vents forts des tempêtes. Ses racines filantes qui peuvent dépasser le mètre lui permettent d'aller puiser l'eau dans les endroits les plus inaccessibles pour ensuite la stocker dans ses feuilles charnues, et ainsi résister aux sécheresses estivales. Enfin, elle est capable de s'enraciner dans les interstices extrêmement minces des roches, d'où son autre nom : le Perce-pierre.

La Criste marine est une plante vivace qui, comme le Persil, la Carotte, le Fenouil ou encore le Panicaut (p. 22), appartient à la famille des Apiacées (anciennement Ombellifères) dont les inflorescences sont des ombelles d'ombellules. La pollinisation est assurée par les insectes. La graine se situe au milieu d'un fruit spongieux qui peut lui permettre de flotter. Un apport d'eau douce est tout de même nécessaire à la germination des graines.

Cette plante est connue pour sa richesse en sels minéraux (surtout en potassium), en iode, en vitamine C et en bêta-carotènes. Dès l'Antiquité, les marins l'emportaient lors de leurs périples, comme la Salicorne (p. 24), pour lutter contre le scorbut et pour ses « pouvoirs reconstituants ». Il est d'ailleurs possible que ces mêmes marins aient contribué à la dispersion de cette plante sur les littoraux. L'huile essentielle extraite des graines est utilisée dans l'élaboration des huiles de massage et de produits cosmétiques. La Criste marine est enfin utilisée comme allié minceur, pour ses propriétés diurétiques et anticellulitiques.

Elle est appréciée en condiment, à la manière des cornichons, dans du vinaigre blanc. Les feuilles charnues de la Criste marine sont juteuses, avec un goût légèrement citronné, iodé et anisé. C'est pour cette note anisée qu'on l'appelle aussi Fenouil marin. Elle se mange également crue en salade ou encore croquante, juste poêlée au beurre. La récolte doit se faire au printemps, avant la floraison qui dure de juillet à septembre. Il faut prendre garde de ne pas arracher la plante, mais de seulement couper l'extrémité des tiges au moyen d'un couteau, pour lui permettre de repousser. On peut aussi récolter les graines et les utiliser comme aromate. Afin de préserver cette espèce, la cueillette peut être réglementée dans certains endroits.

Fleur

Graines

Le Panicaut maritime
(*Eryngium maritimum*)

Plante du bord de mer
Famille : Apiacées (Ombellifères)
Distribution : mer du Nord, Manche, Atlantique et Méditerranée
Habitat : sur le haut des plages et sur les dunes du littoral

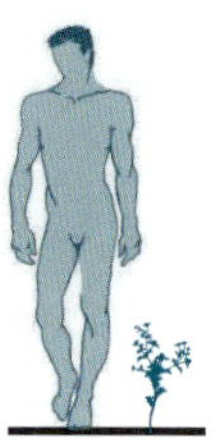

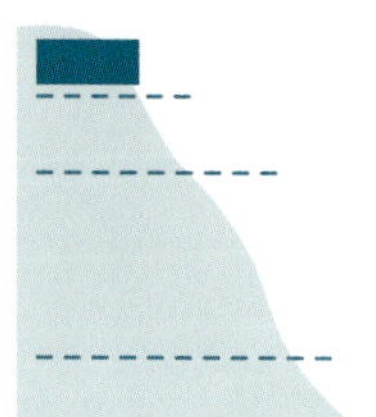

Concernant le Panicaut maritime, « Chardon » est un abus de langage, puisque, contrairement à ce que son apparence laisse supposer, il n'appartient pas à la famille des Astéracées. Contre toute attente, il est de la même famille que la Carotte, celle des Apiacées. Mais loin de l'inoffensive Carotte, il dissuade quiconque de traverser les dunes pieds nus pour rejoindre la plage. En effet, les bords piquants de ses feuilles peuvent infliger de vives blessures.

L'aspect fractal de ses feuilles d'un joli vert-de-gris surligné de blanc, et le bleu profond de son inflorescence en font une des plus belles fleurs du littoral. C'est malheureusement cette beauté qui contribue à causer sa perte : il est abondamment cueilli pour décorer les maisons de fleurs séchées. À cela s'ajoutent le piétinement des dunes par les promeneurs et sa consommation alimentaire. En effet, si ses capitules épineux dissuadent nombre d'herbivores, l'homme a beaucoup apprécié sa racine grillée, au goût de châtaigne. Elle était même consommée confite comme friandise en Angleterre. L'origine latine de son nom, *panis* (pain), laisse suggérer que le Panicaut remplaçait le pain en cas de disette. Il est utilisé encore aujourd'hui comme diurétique en phytothérapie.

On le trouve sur l'ensemble du littoral français. S'il peut occuper de grandes zones sur le littoral aquitain, il se fait rare ailleurs. Des réglementations préfectorales le classent parmi les plantes protégées dans de nombreuses régions. Le Conservatoire du littoral l'a choisi comme symbole pour son logo. C'est une espèce caractéristique des jeunes dunes et des dunes mobiles (dunes blanches), et qui participe à leur maintien.

À la fin de l'automne, lorsque la goûteuse Pleurote du panicaut (*Pleurotus eryngii*) sort de terre, il ne reste du coriace Panicaut maritime qu'une plante desséchée souvent trouée en dentelle qui roule au vent. C'est cette particularité qui a suggéré le joli nom de Chardon roulant à une autre espèce, le Panicaut champêtre (*Eryngium campestre*) (voir photo ci-dessous). Un peu plus discret en couleur (vert blanchâtre) et donc moins menacé de cueillette, ce dernier croît lui aussi sur le littoral, mais également sur le continent. L'hiver, la plante vit sur les réserves accumulées dans sa longue racine. Pouvant atteindre plusieurs mètres de long, celle-ci lui permet de se procurer de l'eau à forte profondeur. C'est de cette racine que la plante refera son apparition au printemps pour fleurir de juin à septembre.

Panicaut champêtre (*Eryngium campestre*)

La marée remonte et immerge la salicorne.

La Salicorne
(*Salicornia europaea*)

Plante du bord de mer
Famille : Amaranthacées
Distribution : mer du Nord, Manche, Atlantique et Méditerranée
Habitat : dans les marais salants, les vasières et à l'entrée des estuaires

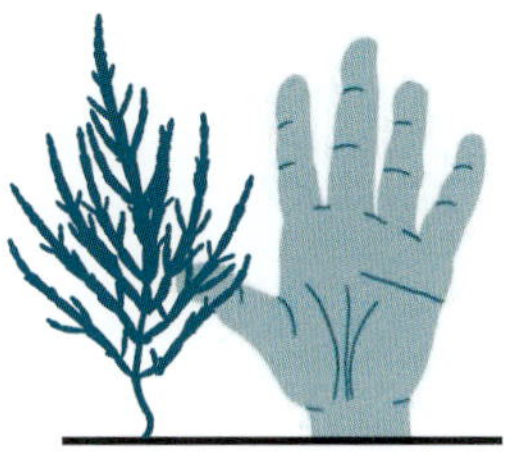

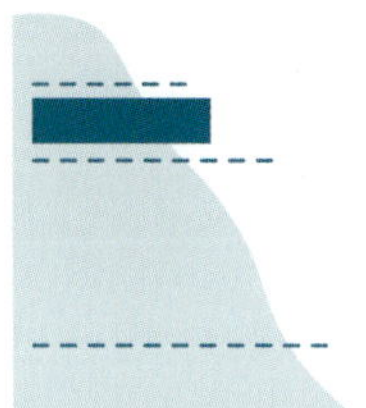

Il pousse sur l'ensemble de notre littoral de nombreuses espèces de Salicorne et les différencier est une tâche très délicate. Ces espèces se partagent en deux groupes : les vivaces, comme la Salicorne pérenne (*Sarcocornia perennis*), qui sont ligneuses et se colorent avec le temps, et les annuelles telles que la Salicorne d'Europe. Ce sont ces dernières, plus tendres et moins amères, qui ont un intérêt culinaire.

La Salicorne est une plante étrange qui aime le sel (halophyte). Elle pousse sur les vases salées régulièrement recouvertes par la marée, les prés salés et les lagunes longuement asséchées en été. Pour s'adapter à la présence du sel, ses feuilles et ses fleurs sont très réduites, au point que l'on n'imagine pas qu'elle en ait. Les tissus de la plante sont gorgés de sels de sodium, de substances azotées et de carbone qui la préservent de la perte d'eau sous l'effet du sel (osmose) lors de l'immersion au cours des marées.

Vers la fin de l'été, de minuscules fleurs surgissent sur les tiges puis les graines apparaissent, tombent au sol, et enfin la plante se dessèche. À l'automne, les graines germent et donnent naissance à de jeunes pousses qui végètent tout l'hiver. Ce n'est qu'à la chaleur du printemps suivant que la plante va croître d'une petite dizaine de centimètres. C'est alors, entre mai et août, que la récolte se pratique. Ses tendres rameaux vont faire le bonheur des pêcheurs à pied qui n'hésitent pas à en agrémenter leur récolte en remontant l'estran. Une cueillette plus tardive donne une récolte plus amère, il est alors indispensable de blanchir les plantes quelques minutes dans de l'eau bouillante. La Salicorne peut se déguster en accompagnement de poissons ou de fruits de mer, comme des haricots, à la poêle, au beurre ou encore en soupe, mais c'est en bocaux sous forme de condiment dans du vinaigre qu'elle est le plus souvent préparée, et surnommée « cornichon de mer ».

En baie de Somme où sont produites 90 % des 500 tonnes de Salicorne récoltées par an, le ramassage est soumis à une réglementation. La Salicorne est une plante qui colonise les terrains meubles et, à ce titre, lutte activement contre l'érosion du littoral ; pionnière sur ces terrains, elle se fait supplanter par d'autres espèces telles que la Soude maritime, l'Obione ou la Spartine. Il faut donc couper la Salicorne au couteau, ne prendre que l'extrémité des rameaux et ne pas la laver à l'eau douce, pour la conserver.

Riche en iode, phosphore, calcium, silice, zinc, manganèse et en vitamines A et D, la Salicorne suscite de multiples intérêts. À forte teneur également en vitamine C, elle était consommée par les marins lors des grands voyages pour lutter contre le scorbut. La soude végétale obtenue des cendres issues de sa combustion entre dans la composition du savon d'Alep. Elle était également utilisée pour abaisser le point de fusion lors de la fabrication du verre.

Pollen (jaune)

Les prairies marines abritent de nombreuses espèces. Ici, un crabe vert.

La Zostère marine (*Zostera marina*) La Posidonie (*Posidonia oceanica*) endémique de la Méditerranée

Herbier de Zostère à marée basse

Plantes marines
Famille : Posidoniacées
Distribution : mer du Nord, Manche, Atlantique et plus rare Méditerranée (Zostère)
Habitat : prairies maritimes sur les fonds de sable. Découverts uniquement lors des grandes marées. La Posidonie (en Méditerranée) se trouve également sur les milieux rocheux et n'est jamais découverte.

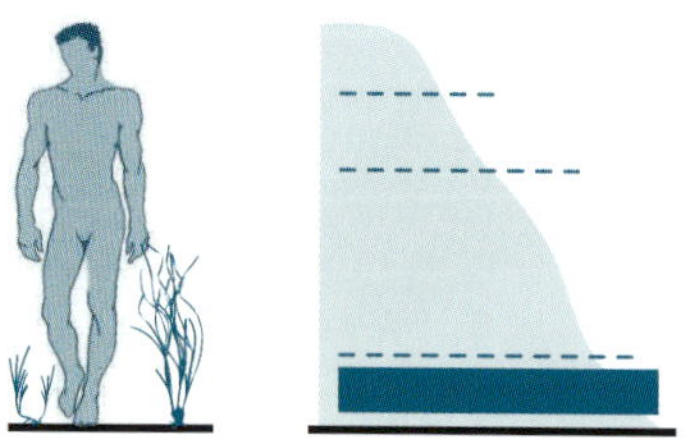

Contrairement à ce que l'on pourrait penser, ces deux espèces ne sont pas des algues, mais bien des plantes à fleurs qui vivent dans la mer. À l'instar du vent, c'est l'eau qui participe à la reproduction sexuée de la plante. Cependant, la formation de véritables « prairies sous-marines » se fait par une multiplication végétative de leurs rhizomes. La Posidonie est native de la Méditerranée, alors qu'en Atlantique on trouve la proche Zostère. On peut observer les prairies de Zostère lors des grandes marées, elles sont alors exondées momentanément. Elles affectionnent les milieux sablo-vaseux dans les baies abritées où elles contribuent au processus de sédimentation. On trouve également la Zostère naine (*Zostera noltii*), plus grêle, sur sédiments plus vaseux.

Les herbiers de Zostère et de Posidonie présentent un très grand intérêt écologique et économique. De nombreuses espèces présentées dans cet ouvrage fréquentent ces herbiers. Véritable réservoir d'une riche biodiversité, ils sont un haut lieu de reproduction et de ponte pour des espèces comme la Seiche, la Nasse, ou l'Aplysie et constituent le support de développement des ascidies et des anémones. Ces herbiers sont par ailleurs des sites d'alimentation pour les phytophages (oursins, saupes, etc.) comme pour les prédateurs (hippocampes, crevettes ou jeunes congres) qui y chassent leurs proies. Parmi ces espèces, de nombreuses présentent un intérêt économique non négligeable ; c'est pourquoi les herbiers font l'objet d'une grande surveillance et de mesures de conservation.

Comme le phytoplancton, l'herbier joue un rôle très important dans l'oxygénation de l'eau et fait office de puits de carbone géant, trois fois plus important que la forêt tropicale selon une étude récente. Les herbiers de Posidonie absorberaient 10 % du carbone capté par les océans, alors qu'ils ne représentent que 0,2 % de leur surface. Dans les années 1930, une étrange maladie a décimé les herbiers de Zostère. Attribué au protozoaire *Labyrynthula zosterae*, ce déclin a sans doute été le fait associé d'autres paramètres environnementaux. Il aura fallu plusieurs décennies pour que les herbiers se reforment sans toutefois retrouver leurs surfaces d'autrefois. Aujourd'hui, la pêche à l'aide d'engins, les ancres des bateaux de plaisance et les marées vertes constituent une forte pression anthropique (causée par l'activité humaine) particulièrement néfaste aux herbiers.

La Zostère fleurit entre mai et juillet. La Posidonie fleurit pour sa part en automne, mais ce n'est pas systématique. Les fruits, semblables à des olives vertes, se détachent au printemps de l'année suivante. Sur les plages méditerranéennes, on peut voir des « pelotes de mer » constituées de fibres de feuilles de Posidonie, façonnées en boule par le mouvement de roulis de la mer. Les morceaux de feuilles des herbiers amassés en laisse de mer étaient autrefois utilisés pour rembourrer les matelas et pour servir de fibre d'emballage.

Hippocampe à museau court

Fleurs de Zostère

Fleurs mâles

Fleurs femelles

Posidonie

Zostère

Algues

Les algues sont des végétaux aquatiques (leurs représentantes unicellulaires constituent le phytoplancton). À la différence des plantes aquatiques, les algues n'ont ni racines, ni feuilles, ni fleurs. Elles sont regroupées par couleurs (on parle d'algues brunes, rouges ou vertes) selon les pigments grâce auxquels elles réalisent la photosynthèse.

Corallina elongata de Méditerranée

Tapis découvert à l'occasion d'une marée exceptionnelle

La Coralline rose
(*Corallina officinalis*)

Algue rouge
Famille : Corallinacées
Distribution : mer du Nord, Manche, Atlantique et *Corallina elongata* en Méditerranée
Habitat : très commune dans les cuvettes ensoleillées des rochers du médiolittoral. Visible également sur les rochers exposés aux vagues uniquement à l'occasion des marées de très forts coefficients.

Cette petite algue d'une dizaine de centimètres ne ressemble pas aux autres. Elle se distingue non seulement par sa couleur, mais par une importante calcification qui lui donnerait presque l'apparence du corail. Son nom, *Corallina*, en latin « qui a l'apparence du corail », y fait référence. Riche en oligo-éléments et sels minéraux, la Coralline fait son retour sur la scène commerciale aujourd'hui en tant que composant dans de nombreux cosmétiques. Son nom d'espèce *officinalis* (médicinal) est en effet un rappel du temps où, associée au *Fucus*, elle était utilisée comme vermifuge et ornait les étagères des pharmacies sous le nom de Mousse de Corse.

Elle appartient à l'embranchement des Rhodophycées (Algues rouges). Sa couleur, qui a tendance à se décolorer avec le soleil, est rose pâle dans le haut de l'estran et peut aller vers le pourpre dans la partie infralittorale. Elle devient entièrement blanche lorsqu'elle meurt.

Cette algue est constituée de successions de segments de carbonate de calcium articulés qui lui accordent une flexibilité dans les eaux agitées. La fronde est plate, avec une composition régulière de rameaux opposés à la manière d'une plume. Si *Corallina officinalis* n'y semble pas présente, c'est l'espèce *Corallina elongata* qui colonise les côtes méditerranéennes. Cette dernière, souvent plus foncée, se distingue par une fronde plus dense et surtout par des articles aplatis.

La Coralline ne supporte pas le dessèchement : ainsi on la trouve par toupets dans les cuvettes laissées par la marée. Elle peut bénéficier de petites promenades si elle a eu la chance de se développer sur la coquille d'une Patelle (voir photo ci-dessous). On peut l'observer aussi en tapis denses lorsque la mer est au plus bas (voir photo ci-contre). Elle supporte assez bien la pollution même si les émissions de particules de carbone des voitures et des usines acidifient les océans et portent atteinte aux algues calcifiantes.

La reproduction végétative est rare, mais une reproduction sexuée est facilitée par de petites cavités de gamètes mâles et femelles d'une grande proximité.

Une autre espèce, l'Algue feuille de pierre *Lithophyllum incrustans*, de la même famille, partage les mêmes couleurs et les mêmes milieux. On dit que cette algue encroûtante peut vivre plus de cent ans.

Sur une patelle (voir p. 88)

L'Ulve laitue de mer (*Ulva* sp.)

Marée verte

Algue verte
Famille : Ulvacées
Distribution : mer du Nord, Manche, Atlantique et Méditerranée (cosmopolite)
Habitat : vit sur l'étage médiolittoral supérieur à l'infralittoral pour profiter du soleil. Prolifère dans les zones riches en nutriments.

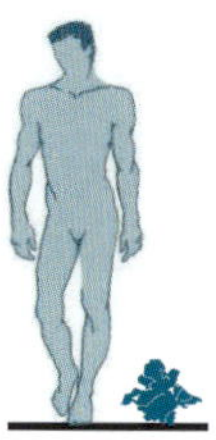

Les Ulves sont naturellement présentes dans nos écosystèmes côtiers. Elles prolifèrent surtout depuis les années 1970. Au printemps, l'éclairement et la température sont naturellement favorables à leur développement. Des pluies abondantes peuvent alors faire exploser leur croissance. Leur échouage (accentué par un vent de mer) est appelé marée verte. Cela arrive sur les plages des baies aux eaux peu profondes et peu agitées qui sont leurs lieux de prédilection. Occupés par les désagréments que cela occasionne à l'activité humaine, on parle très peu de l'impact de cette prolifération sur les autres espèces du littoral. La Bretagne, très touchée par le problème, représente la moitié de la production française de porcs et de volailles et utilise le lisier pour amender ses importantes surfaces agricoles. Les pluies lessivent les nitrates de ces terres vers les cours d'eau, qui les déversent à la mer. La responsabilité des nitrates dans le développement des marées vertes n'est plus à débattre ! Il faut désormais chercher à diminuer les quantités utilisées.

Chaque marée recouvre la plage d'un vert manteau. Non ramassé, des couches importantes peuvent se former à certains endroits et devenir dangereuses. Lorsque l'oxygène ne pénètre plus la couche d'algues, des bactéries s'y activent et transforment notamment les sulfates en sulfures d'hydrogène qui s'accumulent sous forme de poches de gaz. En même temps, la partie supérieure de la couche d'algues se dessèche et forme une croûte qui empêche le gaz ainsi formé de se volatiliser. Si d'aventure cette couche superficielle est percée, le gaz toxique s'échappe. Ce phénomène a été fatal à plusieurs chevaux, chiens et autres sangliers, ces dernières années. Les sulfures d'hydrogène, qui se reconnaissent facilement à leur forte odeur d'œuf pourri, peuvent entraîner une perte de connaissance et, en cas d'exposition prolongée, la mort. Il est nécessaire de rappeler qu'avant sa décomposition, cette algue n'est aucunement dangereuse. Sa présence tout au plus déprécie la baignade. Elle est même comestible : très riche en fer (vingt-cinq fois plus que les épinards), elle se déguste en salade, finement hachée.

Il existe de nombreuses espèces d'Ulves : *Ulva lactuca* est sans doute confondue avec beaucoup d'autres espèces, *U. armoricana* prolifère majoritairement en Bretagne nord, *U. rotundata* en Bretagne sud, alors que *U. rigida* est majoritairement présente fixée dans le bas de l'estran et en Méditerranée. Le ramassage quotidien des algues imposé par l'État, et même par l'Europe, suivi de leur traitement, coûte très cher aux communes. La Cour de justice européenne a condamné la France pour son manque en matière de lutte contre la pollution aux nitrates. Si elle ne se met pas en conformité, une lourde amende lui sera imposée. Même si la science s'active autour de projets cherchant à utiliser les Ulves à des fins médicinales ou dans l'alimentation animale, la mise en place de filières de valorisation ne peut pas se substituer aux mesures de réduction de la pollution de l'eau par les nitrates.

Autre espèce appelée cheveux de mer (*Enteromorpha compressa*)

Fucus dentelé
(*Fucus serratus*)

Le Fucus vésiculeux
(*Fucus vesiculosus*)

Pied femelle — Pied mâle

Algue brune
Famille : Fucacées
Distribution : mer du Nord, Manche et Atlantique
Habitat : le Fucus vésiculeux vit plus bas que le Fucus spiralé et plus haut que le Fucus denté ; sur les rochers de l'étage médiolittoral moyen.

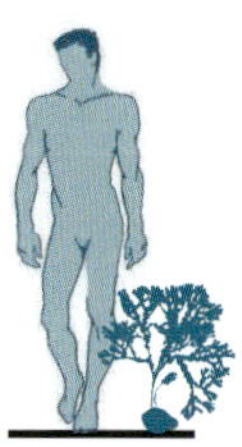

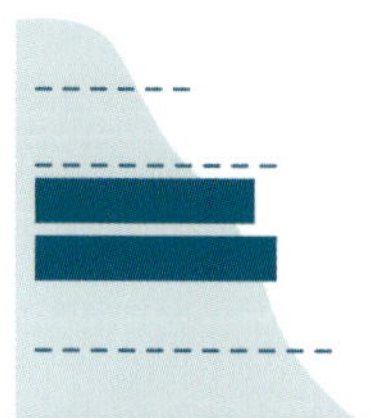

Échappant à un œil non averti, la répartition des algues sur le bord de mer obéit à des contraintes précises. Aussi, selon que la côte est exposée aux vagues ou abritée, selon que les rochers sont découverts par la marée durant de longues périodes ou au contraire très occasionnellement, on n'y rencontrera pas du tout les mêmes espèces d'algues. Trois espèces de Fucus sont communes sur notre littoral (sauf en Méditerranée). Le Fucus spiralé (*Fucus spiralis*, à lanières spiralées), particulièrement résistant à la dessiccation, occupe le haut de l'estran (zone de balancement des marées). Le Fucus vésiculeux partage le milieu de l'estran avec l'Ascophylle (*Ascophyllum nodosum*). Enfin, le Fucus dentelé (*Fucus serratus*), aux lanières dentelées, est situé le plus bas, juste avant la ceinture d'algues rouges précédant les Laminaires, exondées seulement lors des grandes marées.

Le Fucus vésiculeux, appelé aussi Varech vésiculeux, se reconnaît à ses petits flotteurs (appelés aérocystes) qui lui permettent, lorsqu'il est immergé, de se redresser pour mieux capter la lumière. Les Romains utilisaient déjà cette algue en médecine traditionnelle sous le nom de chêne marin. Au XIXe siècle, sa forte concentration en iode était bien connue et utilisée pour lutter contre le goitre (hypothyroïdie). Aujourd'hui, il se récolte pour fabriquer de l'alimentation animale et à des fins médicinales. Ses fibres d'alginates servent à la fabrication de pansements et ses aptitudes à faciliter le transit intestinal en font un bon laxatif. Les mucilages non assimilables qu'il contient sont utilisés comme « coupe-faim » en accompagnement de mesures diététiques : en gonflant dans l'estomac, ils apportent un sentiment de satiété. En Bretagne, jusqu'au milieu du XXe siècle, des fours à goémon ont été creusés dans le sol, dans lesquels on brûlait Fucus et Laminaires préalablement séchés au soleil. En refroidissant, les cendres formaient des pains de « soude » qui étaient vendus pour la fabrication du verre et de la teinture d'iode.

Chez cette espèce, on trouve des algues mâles et des algues femelles. En fin d'hiver, les parties reproductrices (les réceptacles) en forme de sacs renflés situés à l'extrémité du thalle (la partie végétative de l'algue) sont facilement reconnaissables : ils portent des petits points (les conceptacles) qui sont verdâtres chez la femelle et orangés chez le mâle (voir photo ci-contre). À maturité, les conceptacles s'ouvrent et libèrent les gamètes dans l'eau. Le gamète femelle, qui ne nage pas, émet alors une molécule attractive facilitant la rencontre et la fécondation avec le gamète mâle, équivalent d'un spermatozoïde nageur. La cellule ainsi formée, le zygote, se fixe au substrat quelques heures après la fécondation et la croissance de la nouvelle algue peut commencer.

Pour se défendre des gastéropodes brouteurs tels que la Littorine (ou Bigorneau), les lanières du Fucus vésiculeux produisent des molécules dissuasives, les phlorotannins. Malgré cela, ses populations régressent fortement et les scientifiques soupçonnent les effets conjugués du changement climatique et d'une concurrence trop importante avec d'autres espèces.

Fucus spiralé
(*Fucus spiralis*)

La Sargasse japonaise (*Sargassum muticum*)

Prolifération de sargasse

Algue brune
Famille : Sargassacées
Distribution : mer du Nord, Manche, Atlantique et Méditerranée
Habitat : se développe dans la zone médiolittorale moyenne à l'infralittorale des côtes abritées des vagues, sur les rochers, cailloux ou coquillages.

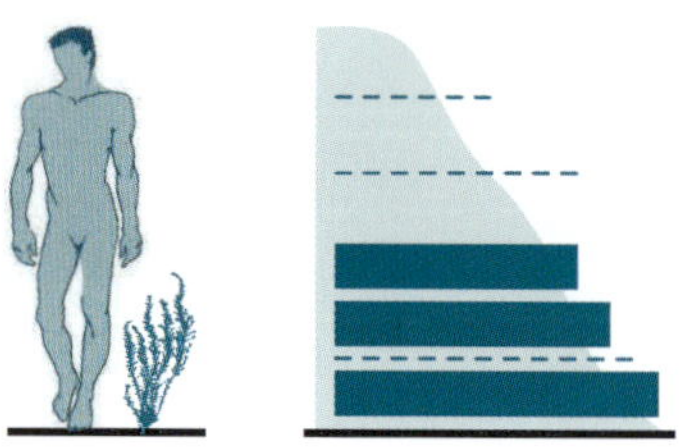

Son nom nous renseigne sur sa provenance : les côtes japonaises du Pacifique et non la mer des Sargasses (Sargasse est le nom d'une algue en espagnol). Son introduction résulte de la main de l'homme. En effet, elle a été observée pour la première fois sur les côtes françaises dans les années 1970 : la production d'huîtres subissait alors des pertes considérables de l'espèce native (*Ostrea edulis*) et de l'espèce portugaise (*Crassostrea angulata*). Destinés à sauver la culture, des naissains d'huîtres japonais sont massivement importés et très probablement, avec, des zygotes (œufs fécondés) ou plantules de Sargasse japonaise. Une vingtaine d'années ont été nécessaires pour coloniser les côtes de la Norvège au Portugal ainsi que notre littoral méditerranéen depuis l'étang de Thau. Cette algue avait tous les atouts pour s'implanter avec succès : peu de prédateurs naturels, une capacité de reproduction efficace, une forte faculté d'adaptation, une grande aptitude de fixation et une bonne tolérance aux difficiles conditions estuariennes.

La Sargasse japonaise est une algue invasive, qui par sa rapidité de propagation a engendré des scénarios des plus catastrophiques. En effet, après la perte et la fragmentation des habitats, les espèces invasives sont considérées comme la deuxième cause de perte de biodiversité. La Sargasse menace aujourd'hui nos précieux herbiers de Zostère (p. 26).

Dès la fin du printemps et tout au long de l'été, les réceptacles mâles libèrent les spermatozoïdes qui vont féconder les ovules femelles restés accrochés à leurs réceptacles (reproduction sexuée). Les zygotes, cellules provenant de la fusion des gamètes, resteront en place en attendant que les petites plantules se décrochent et se fixent au substrat. Mais aussi, d'un petit fragment, cette algue est capable de se régénérer entièrement (reproduction végétative). La Sargasse passe l'hiver à l'état buissonnant de quelques centimètres de long.

La mise en œuvre de la lutte contre sa propagation est restée vaine ; même l'Armée française sollicitée sur certaines côtes très touchées n'a pas eu raison de la Sargasse. Le milieu marin ne permet pas la lutte chimique, et la lutte mécanique, inefficace et coûteuse, peut même favoriser la reproduction végétative. Il semblerait cependant qu'actuellement sa croissance se soit stabilisée et qu'elle ait trouvé sa place dans les écosystèmes. Toutefois, en été, la Sargasse peut atteindre rapidement deux ou trois et jusqu'à dix mètres de longueur. Ponctuellement, sa prolifération peut causer des problèmes à la navigation et au travail des conchyliculteurs. Elle participe aussi à l'encombrement des filets de pêche et entre en compétition avec les espèces locales. Les études qui ont été menées pour valoriser cette biomasse n'ont pas encore été concluantes au regard du coût de son exploitation.

Le Goémon frisé (*Chondrus crispus*)

Chondrus crispus (à gauche) à ne pas confondre avec *Mastocarpus stellatus* (à droite)

Algue rouge
Famille : Gigartinacées
Distribution : mer du Nord, Manche et Atlantique
Habitat : vit accroché aux rochers, dans la zone médiolittorale inférieure et l'infralittorale, aussi bien dans les milieux calmes qu'abrités.

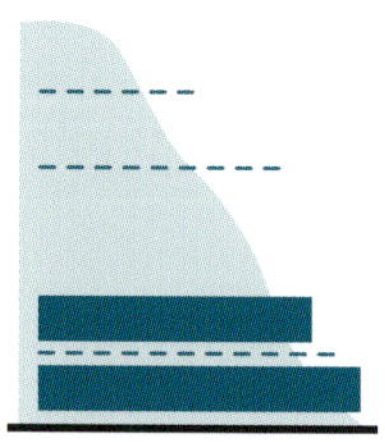

Le Goémon frisé est une algue bien connue des habitants du bord de mer, et nombreux sont les Bretons qui « lors de leur jeunesse, se sont fait quelques pièces en allant le récolter ». Si vous ne connaissez pas encore cette algue, il est néanmoins fort probable que vous en ayez consommé dans votre journée sans le savoir. En effet, elle est largement utilisée en industrie alimentaire pour sa richesse en carraghénanes, molécules aux pouvoirs gélifiant et épaississant. Identifiée sous le code E407 des additifs alimentaires, vous la trouverez dans de nombreuses crèmes dessert, glaces, médicaments ou crèmes de beauté.

Si les algues ont depuis très longtemps été utilisées pour le fumage des cultures ou la production de soude, le Goémon frisé, trop petit, échappait à cette exploitation. Mais, à la fin du XIXe siècle, des industriels de Cherbourg mettent au point un système d'extraction des qualités épaississantes et gélifiantes de cette algue. Depuis cette date et encore de nos jours, en l'absence de rentabilité économique de sa mise en culture, le ramassage artisanal est toujours en vigueur. Ce dernier est réglementé, par exemple, sur l'île de Molène (Finistère), où il ne peut être ramassé que pendant les grandes marées, de mai à septembre. Il ne sera mis en vente qu'après séchage sur les dunes et ne fera alors plus qu'un tiers de son poids mouillé.

Caragheen, Mousse d'Irlande, Lichen, Pioka ou encore Goémon blanc (à cause de sa couleur lorsqu'il est sec) sont autant de noms donnés à cette algue. On la trouve lors de coefficients de marée supérieurs à 80, au niveau inférieur à celui des Fucus (p. 34), dans la zone des algues rouges, groupe auquel elle appartient. Cette algue est très polymorphe et, de fait, pas toujours facile à identifier avec certitude. On peut la confondre avec la Gigartine (*Mastocarpus stellatus*) qui se caractérise par le stipe (sorte de tige qui part du pied) qui s'enroule sur lui-même, à la différence du stipe plat du Goémon frisé (voir photo ci-contre).

Pour se reproduire, le Goémon frisé fait dans l'originalité, puisque trois phases lui sont nécessaires. Les frondes mâles et femelles produisent des gamètes, qui fusionnent pour donner un individu vivant en parasite sur une fronde femelle : le carposporophyte. Celui-ci produit des spores, qui chacune donnent de façon asexuée une nouvelle fronde, le tétrasporophyte. Cette dernière, ni mâle ni femelle, produit à son tour des spores, mais celles-ci sont sexuées. Elles donnent donc chacune un pied mâle ou femelle. La boucle est ainsi bouclée…

Le Goémon frisé est considéré comme un stimulant immunitaire utilisé pour lutter contre toutes sortes de maladies. Il bénéficie de l'intérêt des scientifiques pour ses qualités microbicides. Beaucoup de chercheurs voient un avenir très prometteur dans les algues, et le Goémon frisé est la première algue rouge dont le génome ait été séquencé. Une poignée, séchée et rincée, suffit pour faire un flan, une panna cotta ou un blanc-manger.

Carposporophyte (en haut) et Tétrasporophyte (en bas)

Le Haricot de mer (*Himanthalia elongata*)

Algue brune
Famille : Himanthaliacées
Distribution : mer du Nord, Manche et Atlantique
Habitat : cette algue affectionne le ressac, elle se développe sur les rochers de la zone infralittorale.

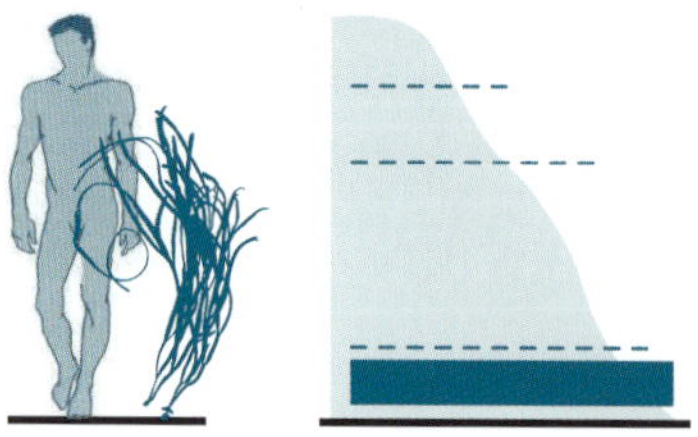

On attribue plusieurs noms à cette algue : l'Himanthale, dérivé de son nom scientifique *Himanthalia elongata* qui fait allusion à sa forme (du grec *himant,* « courroie », et du latin *elongata,* « long ») ; Haricot de mer, qui fait référence à la façon de le cuisiner, tout comme Spaghetti de mer. Tous renvoient à sa forme caractéristique qui la différencie des autres algues. Il vous faudra attendre une grande marée d'un coefficient avoisinant les 95 pour la voir. C'est en effet une algue qui pousse en limite de l'infralittoral (zone presque toujours immergée), juste au-dessus des laminaires. Elle n'est exondée que très peu de temps avant que la marée ne revienne la bercer au gré des vagues. Cette très longue algue, pouvant atteindre 3 mètres, aime être ballottée par le ressac d'une côte bien exposée aux vagues, en témoignent les longues lanières disposées en volute sur les rochers une fois la mer retirée. La forêt d'algues qui, immergée, pointait vers la surface, n'est plus qu'une longue et épaisse chevelure qui recouvre les rochers et souffre au soleil.

Le Haricot de mer est une algue brune, aux couleurs verdâtres, qui appartient au même ordre que les Fucus (p. 34). À la fin de l'été, il libère ses gamètes dans l'eau pour se reproduire et l'algue se dégrade au cours de l'hiver suivant. Le zygote (cellule provenant de la fusion des gamètes), fixé sur un rocher, forme une petite cupule qui ressemble à un champignon, et d'où sortiront deux lanières qui se sépareront à nouveau en deux, puis à nouveau en deux… pour atteindre jusqu'à 2 mètres l'été suivant. On peut confondre le Haricot de mer avec le Lacet de mer (*Chorda filum*), mais ce dernier, de section ronde, ne présente pas cette cupule caractéristique à la base.

Dans l'intérêt croissant que l'on porte aux algues dans notre alimentation, le Haricot de mer fait bonne figure. Sa teneur en lipides et en vitamines est plus importante que celle des autres algues traditionnellement consommées (nori, kombu ou wakamé), avec une bonne teneur en acides aminés. Il ne se trouve que sur les côtes européennes et est exporté comme variété « exotique » au Japon où les habitants sont traditionnellement de grands consommateurs d'algues. Sa récolte se fait entre mars et juin, avec une préférence pour le début du printemps pour assurer un fort taux de lipides. Ne couper, en les pinçant, que les extrémités des lanières encore tendres. Il convient évidemment de prendre garde à ce que la côte ne soit pas atteinte par la pollution. Si la cueillette n'est pas votre fort, on le trouve aussi en bocaux ou sous forme déshydratée dans le commerce. Il se cuisine comme son homonyme terrestre, en accompagnement de poisson ou d'une viande. Froid, il peut apporter une saveur iodée originale aux salades.

Les petits points sur les lanières sont les conceptacles dans lesquels se trouvent les cellules reproductrices.

Cupules

Spongiaire, Cnidai

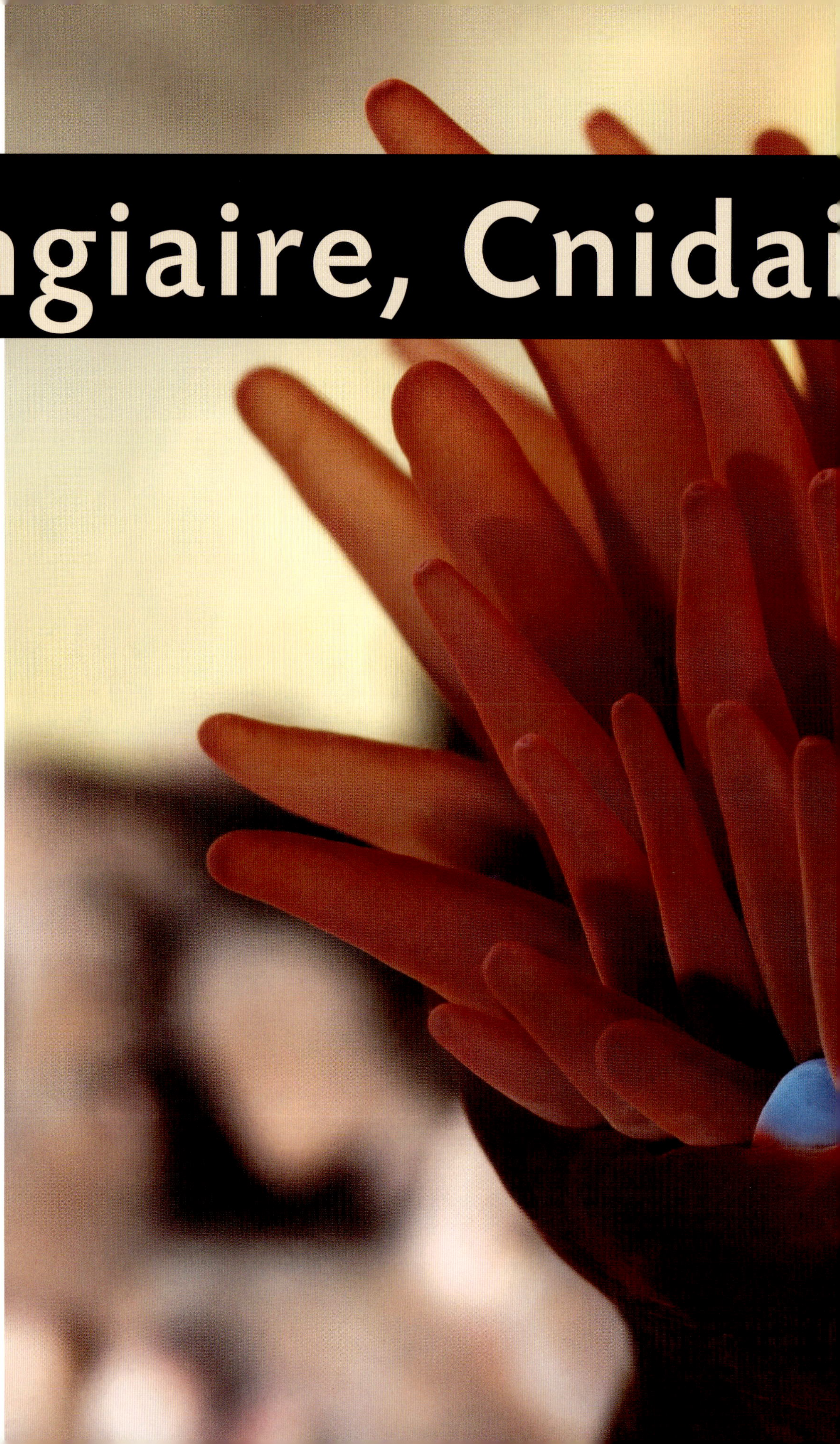

Les Spongiaires, ou éponges, sont des organismes simples sans véritables tissus organisés. Ils captent l'eau par de multiples pores pour l'amener dans des cavités tapissées de cellules flagellées qui filtrent l'eau en y capturant les particules en suspension.

Les Cnidaires sont également des organismes simples composés de deux couches de tissus séparés par une simple gelée de remplissage. Ils peuvent vivre fixés au substrat (Anémone de mer) ou nager en pleine eau (Méduses). Ils possèdent tous des cellules urticantes d'où est tiré leur nom (du grec cnide, « ortie »).

res

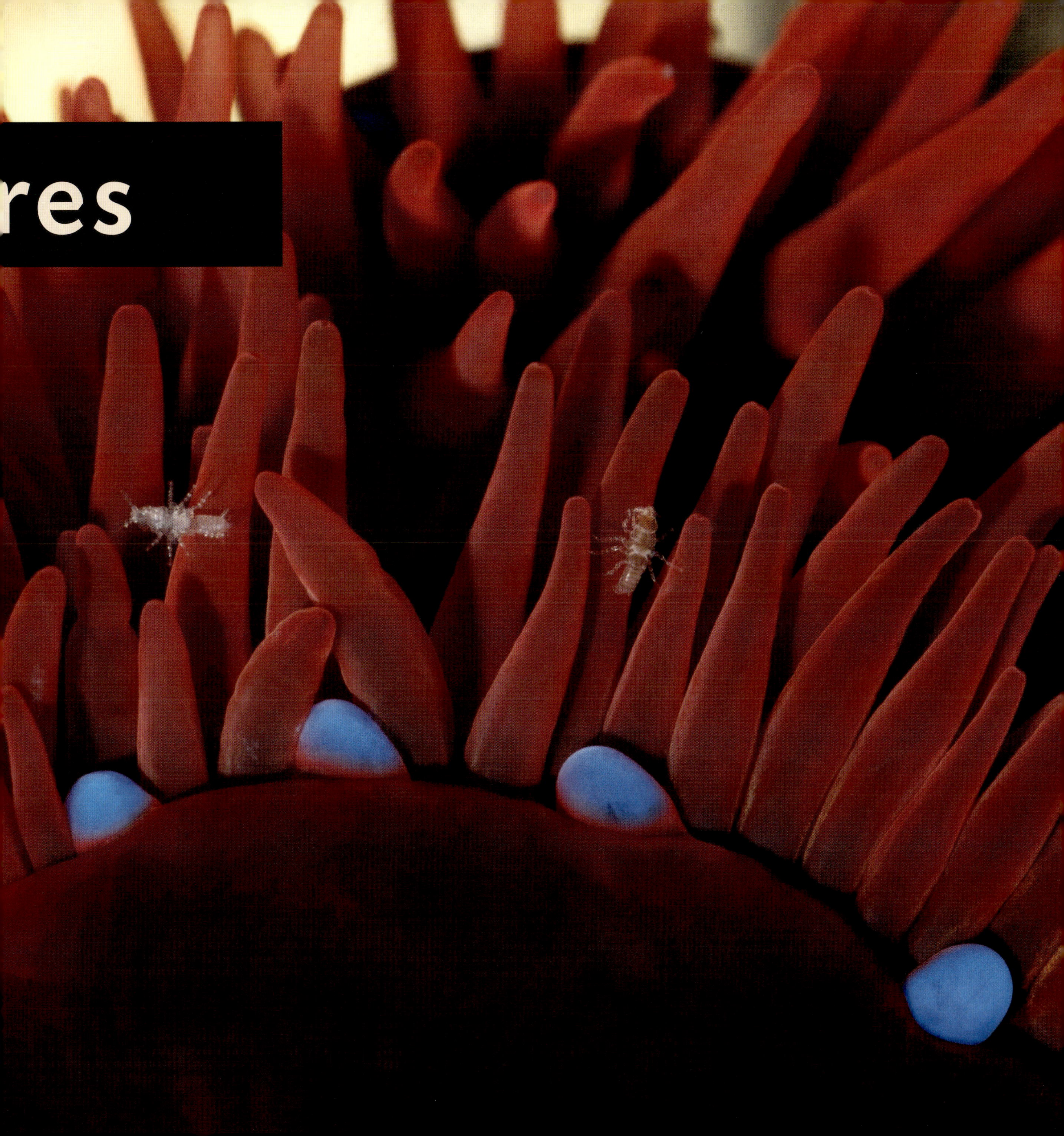

Éponge de bain
(*Spongia officinalis*)

L'Orange de mer
(*Tethya citrina*)

Les bourgeons donneront de nouvelles éponges.

Porifère Spongiaire (Éponge)
Famille : Tethyidés
Distribution : mer du Nord, Manche, Atlantique et Méditerranée
Habitat : se rencontre à l'occasion des grandes marées dans les zones ombragées des parois des roches

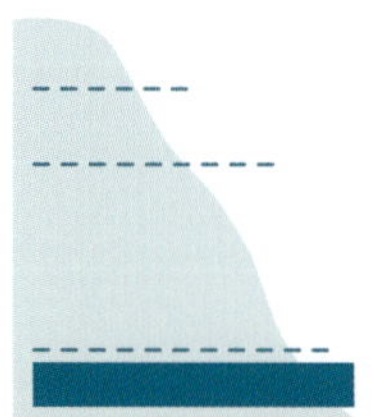

Cette espèce est un Spongiaire (Porifère), autrement dit une éponge, et malgré leur apparence les éponges sont des… animaux et non des végétaux, car c'est ainsi qu'elles ont été considérées jusqu'au XVIIIe siècle. S'il est inscrit « Éponge végétale » sur celle de votre salle de bains, ce n'est pas une erreur : c'est tout simplement qu'aujourd'hui la majorité des éponges commercialisées sont d'origine végétale ou synthétique. Les éponges naturelles (d'origine animale), devenues rares, proviennent de la mer Méditerranée (la fine *Spongia officinalis* et la plus grossière *Hippospongia communis* sont les plus pêchées pour le commerce d'éponges de toilette).

Les éponges sont des organismes très simples. Elles ont été considérées comme le chaînon entre la vie unicellulaire et la vie pluricellulaire ; ce serait des organismes unicellulaires vivant en communauté pour ne faire qu'un. Mais les scientifiques, très partagés sur le sujet, tentent de comprendre les mystères de l'évolution de ces drôles d'animaux. Pour vivre et se développer, l'éponge n'a besoin ni de branchie, ni de bouche, ni de système digestif ou d'appareil reproducteur. Elle possède en revanche des cellules dédiées à chaque fonction. L'éponge est une structure percée d'une myriade de pores inhalants (ostioles) qui laissent entrer l'eau aspirée par le mouvement de cellules dotées de flagelles. Puis l'eau ressort par une sortie commune, l'oscule (voir photo). Certaines éponges seraient en mesure de filtrer jusqu'à 20 000 fois leur volume en une journée. Des cellules capturent les microparticules et l'oxygène, alors que d'autres sont en charge de la contraction musculaire et d'autres encore de la reproduction.

L'Orange de mer est une éponge communément trouvée sur les rochers à marée basse et jusqu'à environ 130 mètres de profondeur. La couleur de cette petite Orange tranche si fort avec le milieu qu'on ne peut la manquer. Même l'intérieur, avec ses spicules rayonnants, présente l'aspect typique d'une orange. Les spicules sont des fibres de silice qui charpentent la structure de l'éponge ; leur forme et leur variété sont propres à chaque espèce. Chez cette espèce, ces longs spicules serviraient de fibres optiques pour conduire la lumière, indispensable à des cyanobactéries, qui vivent en symbiose, enfouies profondément à l'intérieur de l'Orange de mer. *T. citrina* et sa jumelle, *Tethya aurantium*, vivant en Méditerranée, ont longtemps été considérées comme une seule et même espèce. L'Orange de mer se reproduit en été par fécondation, avec œuf et spermatozoïde, et aussi par bourgeonnement de petites Oranges qui se détachent de l'éponge mère de juillet jusqu'en septembre (voir photo).

Loin de jeter l'éponge, nous continuons à nous y intéresser car elles sont plus complexes que ce que l'on imagine. Une éponge carnivore a été découverte dans une grotte sous-marine en Méditerranée en 1998 : elle piège et dissout de petits crustacés à l'aide de protubérances. Enfin, une éponge vient d'être séquencée et des gènes impliqués dans la régulation de la multiplication de cellules aberrantes intéressent au plus haut point la recherche contre le cancer.

L'oscule

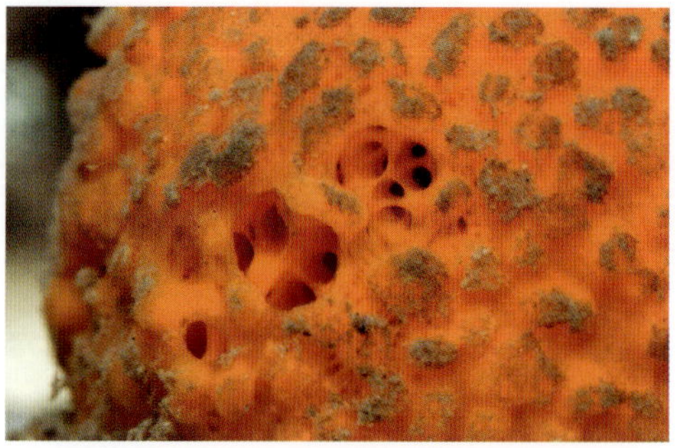

Méduse (*Rhizostoma pulmo*) de grande taille fréquemment retrouvée échouée

La Méduse commune
(*Aurelia aurita*)

Polypes et strobiles de méduse commune

Cnidaire
Famille : Ulmaridés
Distribution : mer du Nord, Manche, Atlantique et Méditerranée (cosmopolite)
Habitat : elles nagent près de la surface en pleine mer et près des côtes. Elles peuvent échouer en nombre sur le littoral.

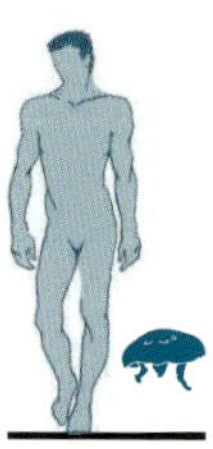

L'étonnante transparence de la Méduse commune nous permet d'observer le peu d'organes dont elle dispose. On identifie nettement quatre fers à cheval qui sont les organes reproducteurs, situés dans les poches du sac gastrique dont l'ouverture se trouve sur la face inférieure, entre les quatre bras buccaux. Sur le pourtour de l'ombrelle, huit cellules sensibles à la lumière contiennent des cristaux nécessaires à la commande des contractions musculaires, permettant à la Méduse de se maintenir en position verticale. Et de nombreux tentacules captent le plancton grâce à des cellules ciliées. Celui-ci est conduit aux bras buccaux, qui eux-mêmes l'amènent au sac gastrique où il est digéré. Le même orifice est utilisé comme bouche et anus. L'intérieur de l'ombrelle contient des cellules nerveuses et des fibres musculaires, qui, en se contractant et se relâchant, permettent à la Méduse de nager telle une danseuse étoile. Le reste de l'animal n'est que de la gelée composée essentiellement d'eau (98 %).

Lors de la reproduction, les ovules contenus dans le sac gastrique de la femelle sont fécondés par les spermatozoïdes qu'elle capte dans l'eau. Après fécondation, les œufs descendent et restent accrochés aux bras buccaux, avant de se transformer en petites larves (planulas) qui se fixent au substrat. Elles deviennent alors des polypes identiques à de petites anémones de mer, se multipliant par bourgeonnement. Lors d'un étrange phénomène appelé strobilation, le polype perd ensuite ses tentacules et se transforme, à la manière d'une pile d'assiettes, en une succession de jeunes Méduses baptisées éphyrules qui donneront, après croissance, la Méduse adulte. Toutes les méduses ne se reproduisent cependant pas de la même façon. La Pélagie (*Pelagia noctiluca*) par exemple n'a pas de stade benthique (fixé sur le fond), les œufs fécondés se transforment directement en éphyrules.

Les méduses sont des Cnidaires (du grec « ortie »), qui font partie du plancton. Pour capturer ses proies, la Méduse dispose d'un ingénieux système composé de cnidocytes. Chaque cnidocyte possède un cil et une capsule (cnidocyste) renfermant un filament pelotonné. Si le cil entre en contact avec une proie ou un malheureux baigneur, une contraction met en pression la capsule qui ensuite s'ouvre et projette violemment sa flèche empoisonnée, injectant le venin. La plupart de nos méduses ne sont pas dangereuses, mais il faut toujours craindre des réactions allergiques. La cosmopolite Méduse commune n'est guère urticante. Il arrive fréquemment de trouver échouée une grosse méduse inoffensive appelée Rhizostome (*Rhizostoma pulmo*, voir photo). En revanche, la Pélagie, très commune en Méditerranée, provoque de vives brûlures. En cas de contact, il faut retirer les fragments avec une pince pour éviter le déclenchement d'autres cnidocystes et rincer à l'eau de mer. Un bain d'eau chaude atténue également l'action des toxines qui sont thermolabiles. Les arrivées massives de Pélagies sur les côtes en été sont devenues très fréquentes. Une diminution du nombre de leurs prédateurs (tortue, thon, poisson-lune…), le réchauffement de l'eau et la pollution en sont les principales raisons.

Méduse pélagie (*Pelagia noctiluca*)

Anémone verte (*Anemonia viridis*), autre espèce commune

L'Actinie rouge (*Actinia equina*)

Anémone fraise (*Actinia fragacea*)

Cnidaire
Famille : Actiniidés
Distribution : mer du Nord, Manche, Atlantique et *Actinia schmidti* en Méditerranée

Habitat : anémone très commune des rochers exposés ou abrités des vagues, de la zone de balancement des marées

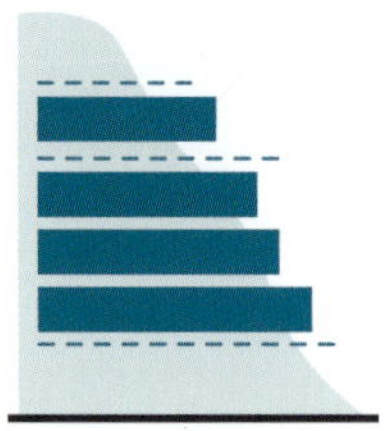

Également de l'embranchement des Cnidaires, cette anémone de mer est en quelque sorte une méduse (p. 46) fixée par le dos sur le substrat. Son anatomie est très simple : un corps gélatineux avec des tentacules urticants autour d'une bouche reliée à une cavité digestive. Les acrorhages, sorte de petites boules d'un beau bleu situées à la base des tentacules, servent à repousser les agresseurs en déchargeant leurs toxines. Prédatrice carnivore, elle attrape crabes, crevettes ou encore petits poissons, grâce à ses tentacules qu'elle déploie, puis les paralyse à l'aide de cnidocystes. Ce sont de petites capsules sous pression, qui, au contact d'un corps étranger, libèrent par un filament creux un liquide urticant. Pas d'inquiétude si vous la touchez, les filaments urticants sont trop faibles pour vous porter atteinte. L'aspect collant des tentacules est dû aux filaments hérissés d'épines minuscules lancés contre l'assaillant. Il faut toutefois éviter, après contact, de se frotter les muqueuses et ne pas négliger l'éventualité d'une réaction allergique.

L'Actinie rouge, très commune, a la particularité de pouvoir rétracter ses cent quatre-vingt-douze tentacules et de se refermer en boule, ce qui lui donne l'apparence d'une petite tomate (un autre nom qu'on lui donne), le plus souvent rouge, mais aussi brune ou vert foncé. Les enfants adorent les faire gicler en appuyant dessus. C'est drôle, mais peut être préjudiciable à l'Actinie car l'eau gardée dans son estomac et le mucus qui la recouvre lui permettent de résister longuement à la dessiccation à marée basse.

Sa reproduction pose encore question.

La reproduction parthénogénétique (à partir d'un œuf non fécondé) semble être possible, mais on sait aussi qu'elle peut se reproduire par bourgeonnement (clonage) ou de manière sexuée. La femelle récupère alors les spermatozoïdes libérés dans l'eau par le mâle et de minuscules anémones sortent ensuite du corps maternel pour s'émanciper après une période de « couvaison ». Elles ne partent pas très loin, et on constate que si elles ont tendance à vivre en petits groupes, elles ne supportent pas la proximité immédiate. Malgré leur apparence passive, en cas de contact entre voisines, des « combats » à coups de filaments urticants peuvent pousser les plus faibles à ramper plus loin. Des études démontrent que les Actinies clonées ne s'agressent pas, contrairement aux individus non apparentés. Et qu'elles sont plus agressives avec des espèces génétiquement proches comme l'Anémone fraise (*Actinia fragacea*) qu'avec des espèces plus éloignées comme l'Anémone verte (*Anemonia viridis*).

L'Anémone verte (voir photo) se rencontre souvent à marée basse sur les sites rocheux frappés par les vagues. Elle ne peut rétracter ses tentacules et fait preuve, à marée basse, d'une certaine résistance au soleil, aux fortes salinités comme à l'eau douce des jours de pluie. La couleur verte est produite par des algues unicellulaires qui vivent dans ses cellules ; ces algues fournissent oxygène et sucres (produits de la photosynthèse) à l'Anémone en échange de sa protection. Les Espagnols la consomment en friture après avoir neutralisé les cellules urticantes dans du vinaigre.

Très fréquente dans les cuvettes

Crustacés

Stars du bord – et des plateaux de fruits – de mer, les Crustacés possèdent une carapace calcifiée (exosquelette) qui protège leur chair savoureuse. Pour grandir, l'animal doit donc muer à plusieurs reprises en se débarrassant de son ancienne carapace. À l'exception de quelques espèces (cloportes ou puces de mer), ce sont des animaux strictement aquatiques.

Le Pouce-pied
(*Pollicipes pollicipes*)

Crustacé cirripède
Famille : Pollicipédidés
Distribution : Atlantique et Méditerranée
Habitat : dans les anfractuosités des côtes rocheuses du médiolittoral inférieur fortement battues par les vagues

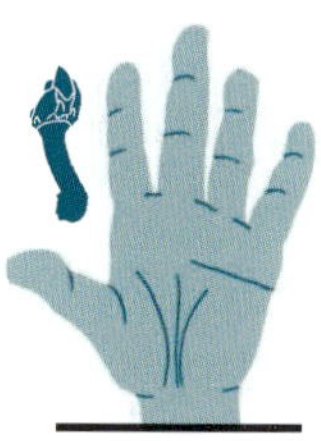

En voyant cet étrange animal, qui saurait dire à quel groupe il appartient ? Son pied ressemble à une petite chaussette en cotte de mailles couronnée d'un coquillage. Sans tête ni pattes apparentes, c'est pourtant un vrai Crustacé, comme les crabes, et il constitue un mets délicat fort prisé par certains. Ses larves flottent librement au sein du plancton, avant de se fixer définitivement sur un rocher émergé. S'ensuit une importante métamorphose aboutissant à cette apparence digne d'un film de science-fiction.

Le Pouce-pied aime le ressac des côtes très agitées et prospère au niveau des moulières dans la zone de balancement des marées. Il se nourrit de particules en suspension dans la mer qu'il attrape avec ses cirres (panache de peignes munis de longues soies). Il faut deux ans pour atteindre la taille minimale de pêche alors qu'il est tout juste en âge de procréer. Sa reproduction est mal connue, mais on sait qu'il peut être successivement mâle et femelle. Il semblerait que la femelle récupère la semence émise par les mâles et qu'elle garde les œufs fécondés jusqu'à l'éclosion. Lorsque les larves finissent leur vie planctonique, elles se fixent souvent autour des grappes d'autres Pouce-pied adultes, sans doute attirées par leur « odeur » (des phéromones). C'est ainsi que se forment les bancs, qu'il était encore facile de voir avant les années 1950 sur les côtes de Belle-Île. Depuis, les Espagnols, grands amateurs de cette espèce et ayant épuisé leurs propres stocks, se sont intéressés aux populations bretonnes. L'essentiel de la production (300 tonnes dans les années 1970) est consommé en Espagne et au Portugal.

L'habitude du Pouce-pied de vivre sur des falaises abruptes et battues par la mer devrait lui assurer une certaine protection contre les prédateurs, mais c'est compter sans sa valeur marchande : bien que ne subsistent aujourd'hui que des gisements presque inaccessibles, son prix élevé motive certains professionnels à prendre tous les risques, quitte à s'encorder pour aller le décoller de la falaise. À la merci des déferlantes, ces pêcheurs intrépides disposent de peu de temps pour garnir leur sac avant que la marée remonte. Pour s'assurer que les populations se renouvellent, il serait nécessaire de prendre seulement les grands individus en épargnant les juvéniles installés en périphérie de la colonie. Des dispositions réglementaires existent aujourd'hui pour préserver cette ressource sensible à la surexploitation.

Le nom français du Pouce-pied tient à son apparence, mais son nom anglais, *Barnacle*, vient d'une étonnante croyance médiévale écossaise ou irlandaise. Selon cette légende, le Pouce-pied donnait naissance aux Bernaches (une oie sauvage migratrice). C'était pratique car cette oie, née d'un « poisson » (à l'époque, les catégories étaient larges), pouvait ainsi être consommée même pendant le carême…

Une espèce proche, l'Anatife (*Lepas anatifera*), se trouve parfois échouée sur la plage après une forte tempête. Elle est consommable mais pas très goûteuse. Les Anatifes sont nomades car elles se fixent sur les objets flottants (voir photo ci-dessous).

Anatifes fixés sur une épave

La Grande Balane grise (*Perforatus perforatus*) Le Chthamale cerf-volant (*Chthamalus* sp.)

Crustacé cirripède
Famille : Chthamalidés
Distribution : mer du Nord, Manche, Atlantique et Méditerranée
Habitat : les Balanes apprécient d'être battues par les vagues. *Les Chthamalus* colonisent les rochers de l'étage médiolittoral supérieur jusqu'au supralittoral. *P. perforatus* vit au niveau de l'infralittoral.

À l'instar du Pousse-pied (p. 52), les balanes sont des crustacés qui vivent fixés sur le substrat. Ce sont leurs pattes transformées en cirres et qui balayent l'eau à la recherche de nourriture en suspension, qui leur ont valu le nom de Crustacés cirripèdes. Sous l'influence de Cuvier, elles ont été considérées comme des Mollusques jusqu'en 1830, date à laquelle Thompson observa la transformation en Cirripèdes de larves semblables à celles d'autres Crustacés et établit leur statut de Crustacé en bonne et due forme. Darwin, qui était un spécialiste des Cirripèdes, a utilisé ce modèle biologique pour étayer sa théorie de l'évolution. Chez les Cirripèdes, lorsque la larve se fixe, elle subit une singulière métamorphose qui l'éloigne morphologiquement de nos chers Crustacés. Autour d'elle se dresse une muraille calcaire conique de quatre ou six plaques. Cette fortification est renforcée en son sommet par quatre autres opercules plus petits, qui apportent une parfaite protection du corps de l'animal. Le principal prédateur de la balane est le Pourpre petite pierre (p. 106) qui force l'opercule. Certains poissons « brouteraient » les balanes au moment où elles sortent leurs cirres.

Les balanes sont hermaphrodites (il semblerait qu'en cas d'isolement, l'autofécondation soit possible). Elles font passer leur long pénis par-dessus la muraille d'une voisine pour la féconder. Toutes proportions gardées, c'est le plus long pénis du règne animal, jusqu'à huit fois la longueur de son corps. Les œufs sont incubés à l'abri de la muraille avant d'être largués dans l'eau sous forme de larves. Ces dernières, dotées de chimiorécepteurs, repèrent les colonies d'adultes et se fixent à leurs côtés. Leurs populations, qui peuvent être particulièrement denses, jouent un rôle écologique important dans l'organisation des écosystèmes. Leur consommation de plancton en fait des compétiteurs redoutés par les éleveurs de moules ou d'huîtres. Comme tous les autres Crustacés, la balane mue. Alors que la muraille grandit progressivement, le corps de l'animal effectue ses mues, la fine et trop étroite carapace qui le recouvre est expulsée, laissant place à une nouvelle, plus grande.

Pour limiter la fâcheuse tendance des balanes à coloniser la coque des bateaux en réduisant leur hydrodynamisme, des revêtements antisalissure (« antifouling ») composés de produits chimiques toxiques sont utilisés qui engendrent d'importants dysfonctionnements des systèmes immunitaires et reproducteurs de nombreuses espèces marines.

La grande Balane grise (qui est souvent rose !) est la plus grande de nos balanes. Elle ressemble à un volcan et s'aperçoit à marée basse. Les Chthamales cerfs-volants (ainsi nommés à cause du dessin formé par les plaques de l'opercule) se trouvent plutôt vers le haut du littoral. Ce sont eux qui recouvrent entièrement les rochers et qui peuvent, en cas de chute, blesser les genoux d'un intrépide cascadeur. Lorsque la mer se retire, la balane emprisonne un peu d'eau grâce à son opercule, ce qui lui permet de résister à la dessiccation. Lorsque la balane meurt, sa muraille peut servir de refuge à de petits Crustacés, à des vers ou à des jeunes Gastéropodes tels que les littorines.

Pénis d'une Grande Balane grise

Grande Balane grise

Chthamale cerf-volant

L'Idothée est un autre isopode capable de vivre dans l'eau.

La Ligie océanique (*Ligia oceanica*)

Crustacé isopode
Famille : Ligiidés
Distribution : mer du Nord, Manche, Atlantique et *Ligia italica* en Méditerranée
Habitat : ce cloporte vit au pied des falaises et sous les rochers et les cailloux de la zone supralittorale.

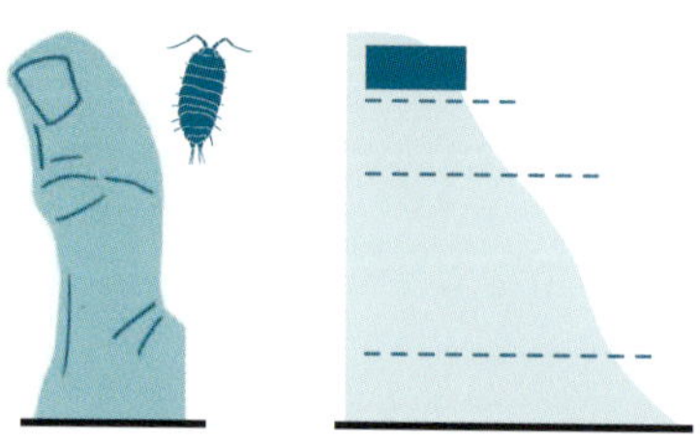

La Ligie est l'autre Crustacé, avec la Puce de mer (p. 58) qui vit non pas dans la mer, mais juste au bord. Si la Puce fréquente les grandes plages de sable, la Ligie, elle, se plaît bien à l'abri dans la fraîcheur des anfractuosités des côtes rocheuses, dans les jointures des digues ou des constructions portuaires. C'est un crustacé de bonne taille (2,5 à 3 centimètres), que l'on nomme aussi Cloporte de mer. Son nom, Ligie qui est une transcription de son nom latin, lui a été donné en référence à une sirène de la mythologie grecque qui attirait les navigateurs par sa voix claire. Bien que, à ce jour, personne n'ait entendu le chant de la Ligie !
En Méditerranée, on trouve une espèce plus petite : la Ligie d'Italie (*Ligia italica*). On peut confondre les Ligies avec les Idothées (voir photo), des crustacés qui vivent dans l'eau, que l'on peut trouver dans les algues, sous les cailloux. Quant à la Ligie, qui ne supporte pas de longues immersions, elle prend garde de se tenir à distance de la mer, mais ne peut quitter les endroits très humides des côtes rocheuses. Elle ne s'absente que la nuit pour partir à la recherche de débris d'animaux, de Fucus ou de diatomées (micro-algues unicellulaires) à se mettre sous la mandibule. Ses sorties nocturnes lui évitent les éventuelles rencontres avec des oiseaux de mer qui n'en feraient qu'une bouchée. Toutefois, un temps très chaud pourrait la pousser à faire une exception. Si la chaleur et l'humidité saturent l'animal, une sortie pour s'exposer en plein soleil peut, par évaporation, lui apporter un peu de fraîcheur !
La Ligie vit en moyenne trois ans. C'est au cours du printemps ou encore de l'été de sa dernière année qu'elle effectuera son unique reproduction. Les femelles gardent leurs embryons dans une poche ventrale appelée marsupium.
Pour se fondre dans son environnement, la Ligie a un atout majeur : elle dispose, comme la Seiche, de chromatophores, des cellules dermiques composées de pigments. En se contractant, ces cellules s'éclaircissent ou, inversement, s'assombrissent. Au gré du jour et de la nuit et selon la couleur de son environnement, la Ligie change d'apparence pour se camoufler. Elle réagit également aux conditions hygrothermiques : pâle pour rester fraîche ou sombre pour se réchauffer (ou parfois pour se refroidir par évaporation !).

Les puces de mer nettoient le sable des petits cadavres.

La Puce de mer (*Talitrus saltator*)

Puces dans leur terrier

Crustacé amphipode
Famille : Talitridés
Distribution : mer du Nord, Manche, Atlantique et Méditerranée
Habitat : ce crustacé se trouve sous les laisses de mer et dans des galeries de la zone supralittorale des plages.

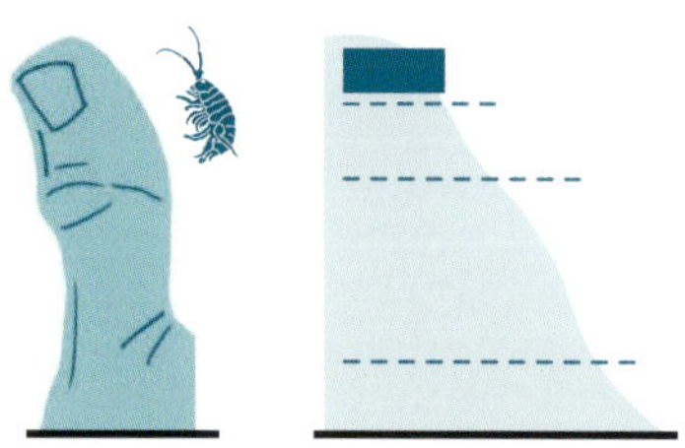

Commençons par dissiper les craintes que suscite la Puce de mer. Contrairement à ce que peut laisser supposer son nom, ce petit animal ne pique pas. Il ne partage que la faculté de sauter avec son homonyme terrestre. Allongé sur une plage en pleine journée, vous avez peu de chances de le croiser. En effet, si l'estivant aime s'exposer sur le sable au soleil, ce n'est pas du tout le cas du Talitre (autre nom issu de son nom scientifique). Une déshydratation lui est fatale et c'est en profondeur (10 à 30 centimètres), logé dans le terrier qu'il a creusé dans le sable ou sous les laisses de mer (amoncellement de débris d'algues formé par la mer), qu'il attend le crépuscule pour s'activer. Ce n'est donc jamais la Puce de mer qui dérange le touriste, mais bien l'inverse, si ce dernier creuse la plage ou retourne les laisses de mer.
Son action est méconnue du plus grand nombre et pourtant elle fait un travail essentiel pour la qualité de nos plages. C'est un détritivore, ce qui signifie qu'elle mange toutes sortes de détritus : algues en décomposition, animaux morts (voir photo) ou bactéries. Autrement dit, elle nettoie nos plages ! En plus du piétinement des baigneurs, l'enlèvement mécanique et régulier des laisses de mer est une vraie menace pour la Puce de mer. Loin d'être reposants, de multiples changements tels qu'une marée qui remonte deux fois par jour ou de grandes marées qui apportent la mer sur les hauts de plage jusqu'au pied des dunes, la contraignent d'ajuster sans cesse son territoire.
D'octobre à mars, elle est en hivernation, profondément enterrée dans les hauts de plage. Le reste de l'année, elle creuse des terriers plus près de la mer, en fonction des rythmes de la marée. Des chercheurs italiens ont constaté que la Puce de mer pouvait parcourir plus de 200 mètres en une nuit. Elle doit sa survie à un performant système de navigation embarqué. Ses capacités à adapter son activité en fonction du soleil, de la lune et des marées et son sens de l'orientation lui ont valu de nombreuses études.
Chiquenaude, Sauticot, Cochonnet ou Pou de mer sont autant de noms pour désigner cette espèce. Même si ces différents noms peuvent porter à confusion, la Puce de mer est un Crustacé, comme le crabe. Tout comme chez ce dernier, la femelle pond des œufs (dix à quinze en moyenne), qu'elle garde dans une chambre d'incubation (ou marsupium) à la base de ses pattes antérieures, en attendant leur éclosion. Les premières pontes ont lieu au printemps et se prolongent jusqu'en août. Chez les adultes, le mâle se reconnaît à ses antennes plus fortes. L'espèce est un des premiers maillons de la chaîne alimentaire et, si elle ne se fait pas repérer et manger par un Gravelot, elle peut espérer vivre entre dix-huit et vingt et un mois.

Photo Bernard Le Garff

Larve

Le Bouquet
(*Palaemon serratus*)

Palaemon serratus se distingue des autres espèces par son long rostre.

Crustacé décapode
Famille : Palaémonidés
Distribution : mer du Nord, Manche, Atlantique et Méditerranée
Habitat : c'est lors des grandes marées que l'on pêche les plus gros bouquets, le long des bancs de sable en limite des rochers.

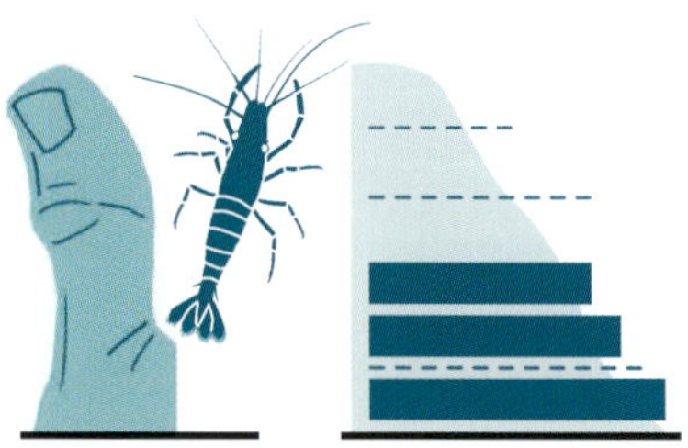

Il y a souvent confusion entre la Crevette grise (*Crangon crangon*, p. 62) et le Bouquet que l'on appelle Crevette rose. En effet contrairement à ce que le nom de cette dernière pourrait faire croire, elle est transparente. Elle ne devient rose qu'après la cuisson. L'astaxanthine, un pigment rose orange de la famille des caroténoïdes, apparaît suite à la dégradation par la température des protéines noires qui la recouvrent. Toutefois, méfiance ! Les grosses Crevettes roses vendues et quelquefois présentées sur les plateaux de fruits de mer ne sont pas toutes des Bouquets mais des crevettes plus ou moins exotiques…

Le Bouquet se « cueille » aux grandes marées, au pied des rochers. On peut commencer sa pêche deux heures avant que la marée ne remonte. On dit qu'un vent de terre et une mer peu agitée assurent une bonne récolte. Cette Crevette affectionne les parois rocheuses recouvertes d'algues dans lesquelles elle se cache. Elle en sort la nuit pour partir à la chasse de petits Crustacés, de vers ou de petits animaux morts. Il faudra donc que le pêcheur passe son épuisette à bord rond, idéalement sur les bancs de sable au pied des rochers et dans les anfractuosités, pour remonter sans à-coups et ainsi les déloger. Si le banc de sable est suffisamment grand, il est possible d'utiliser un haveneau (généralement employé pour la pêche à la Crevette grise), plus efficace.

Le Bouquet se rapproche des côtes au printemps pendant la saison des amours et passe l'été avec les touristes. Il a une préférence pour les endroits abrités. Durant l'accouplement, le mâle expulse et dépose à l'aide de ses pattes un spermatophore (sac de spermatozoïdes) sous la femelle qui va « stocker » ces gamètes mâles. La fécondation interne se fera au moment de la ponte. Les œufs (mille à cinq mille) restent alors accrochés aux pléopodes (pattes abdominales natatoires) de la femelle. On trouve des femelles « grainées » (avec leurs œufs) d'avril à septembre : un pêcheur soucieux de protéger les espèces les remettra à la mer. En novembre, les crevettes repartent au large. La meilleure période pour la pêche se situe en septembre et octobre. La taille minimale et la période réglementée de pêche ne sont pas les mêmes partout. Avant de commencer sa « cueillette », il est donc préférable de se renseigner auprès des Affaires maritimes.

Plus haut sur le littoral, dans les flaques d'eau laissées par la marée, on trouve une espèce plus petite que les enfants adorent pêcher : la Petite crevette rose (*Palaemon elegans*). Elle est en tout point semblable à la grande (le Bouquet), à l'exception de son rostre, qui est plus court et porte moins d'épines (la Crevette grise, elle, n'a pas de rostre). À votre approche dans les rochers, la Petite crevette rose se carapate sous les pierres ou dans les algues, mais patientez sans bouger et vous aurez le plaisir de la voir, malgré sa transparence, pointer prudemment le bout de son rostre.

La pêche aux bouquets

À la pêche à la crevette

La Crevette grise
(*Crangon crangon*)

Crustacé décapode
Famille : Crangonidés
Distribution : mer du Nord, Manche, Atlantique et Méditerranée
Habitat : sur les fond sableux ou sablo-vaseux du médiolittoral. Elle affectionne les estuaires.

On pêche la Crevette grise avec un haveneau (appelé pousseux en Normandie) sur de grandes plages de sable fin et gris, légèrement pentues. Le haveneau en demi-cercle se pousse sur le fond ; la latte de bois glisse sur le sable et lève la Crevette qui file au fond du filet. Au moindre obstacle qui stoppe sa course, il faut vite relever le filet avant que les Crevettes ne s'échappent. À chaque levée, le pêcheur à pied retire de son haveneau les crabes, petits poissons et Crevettes de moins de 3 centimètres qui repartiront peupler le littoral. Il faut être très méfiant d'un petit poisson qui est en mesure de vous laisser un souvenir des plus douloureux : la Vive (voir p. 172) est en effet un poisson qui partage ce même milieu et qui porte un aiguillon venimeux sur la nageoire dorsale ; si la Vive vous pique, son venin provoque une vive douleur (voire certaines conséquences qui peuvent se révéler plus graves). Les pêcheurs les plus rusés n'oublient pas d'accrocher une pince à linge à leur veste pour attraper sans crainte une Vive prise dans leur filet. Les longs et fatigants aller et retour pratiqués dans les vagues parallèlement aux rivages ne vous assurent pas le repas du soir. En revanche, cette éprouvante sortie en plein air vous garantit une bonne nuit.

Sur l'estran, la Crevette grise se pêche toute l'année, mais le printemps et l'automne sont les deux périodes les plus favorables. Le reste de l'année, les colonies de Crevettes se déplacent plus ou moins loin du rivage et passent tout l'hiver au large. Le jour, elles sont enfouies dans le sable, ne laissant que leurs antennes et leurs yeux dépasser à la surface. Elles sont ainsi à l'abri des poissons et des oiseaux décidés à passer à table. La Crevette grise est opportuniste : elle se nourrit la nuit de petits Crustacés, petits Mollusques, mais aussi d'Algues vertes ou d'animaux morts. Les femelles portent jusqu'à quatre mille cinq cents œufs qu'elles gardent dans leurs appendices abdominaux jusqu'à l'éclosion. Lors des pontes d'hiver, les œufs sont moins nombreux et plus gros. Il faudra vingt-cinq mues à la jeune Crevette pour atteindre le stade adulte. Il semblerait qu'elle soit hermaphrodite protandre (mâle dans un premier temps, et ensuite femelle), mais cette hypothèse est encore discutée.

En baie de Somme, où est pêché un tiers de la production nationale, on les appelle Sauterelles. Tout comme Sauticots, ce nom fait référence aux sautillements des Crevettes dans le fond du filet. Autrefois en Charente, elles étaient appelées Boucs, car on pensait que c'étaient les mâles des Crevettes roses, alors nommées Chevrettes.

Les Crevettes grises sont longues à décortiquer. Aussi, il n'est pas rare qu'elles soient capturées en mer du Nord, décortiquées en Afrique du Nord et qu'elles reviennent pour être conditionnées sur leur lieu de pêche… Si l'empreinte carbone de la Crevette grise est ainsi renversante, elle semble être une des rares espèces qui ne soient pas surexploitées.

Cherchez la seconde crevette.

Homard juvénile

Le Homard (*Homarus gammarus*)

Respecter la taille minimale de pêche favorise la reproduction des espèces.

Crustacé décapode
Famille : Néphropidés
Distribution : mer du Nord, Manche, Atlantique et Méditerranée
Habitat : on peut apercevoir le Homard sous un un rocher de l'infralittoral, où il creuse son terrier.

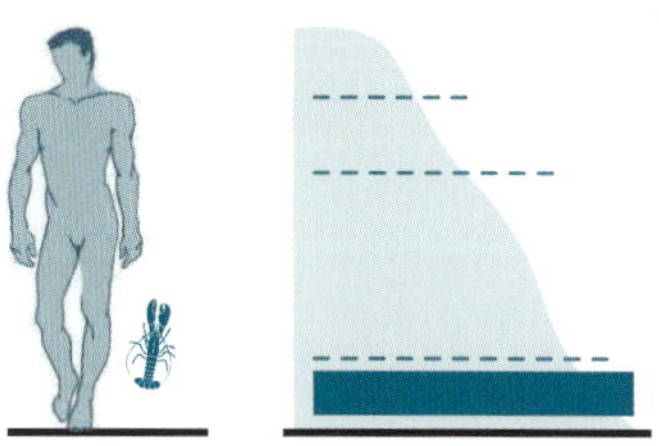

La qualité gustative et la taille du Homard lui ont valu le nom de roi des Crustacés. Pourtant ce mets très recherché se raréfie : une surpêche et des eaux polluées ont eu raison des généreux effectifs d'antan. Une réglementation importante et des expériences de repeuplement tentent d'améliorer la situation. La taille minimale de pêche est atteinte lorsque le céphalothorax (la partie avant) dépasse 8,7 centimètres de long.

Chez les Crustacés, la croissance n'est pas constante mais se fait lors d'une étape appelée la mue. Le Homard, tandis qu'il s'apprête à grandir, se tapit dans sa cachette et cesse de s'alimenter. Il est préparé à la traversée de cette période délicate. La carapace se fissure alors entre le céphalothorax et l'abdomen (que l'on nomme à tort la queue). L'animal entièrement mou s'extirpe de la carapace par cette ouverture, se gonfle d'eau et s'agrandit d'un coup de 10 à 20 %. Si un grain de sable vient enrayer la machine et que la sortie est entravée, l'ancienne carapace devient alors cercueil. Si un prédateur surprend un individu en train de muer ou en phase de calcification (trois semaines environ lui sont nécessaires pour retrouver sa dureté), il n'en fera qu'une bouchée. Pour atteindre sa maturité sexuelle (vers cinq ans), le Homard effectue une vingtaine de mues, puis il continue d'en faire une fois par an ou tous les deux ans. On raconte que le Congre partage les mêmes refuges que les Homards dans le but de dévorer ses colocataires au moment de leur mue. Seule la cohabitation reste cependant observée.

Pour s'accoupler, le mâle doit rencontrer une femelle encore molle de sa dernière mue. La femelle pond selon sa taille jusqu'à cinq cent mille œufs, qui restent attachés sous son abdomen pendant environ un an. Les larves planctoniques nagent ensuite au gré des courants et se transforment en minuscules juvéniles. On estime que seulement deux à trois Homards par ponte atteindront la maturité sexuelle.

En dehors des périodes d'accouplement, le Homard est un solitaire. Il vit dans les failles des roches ou creuse avec ses imposantes pinces, à la manière d'un bulldozer, un terrier dans le sable sous des rochers. Il se nourrit lors d'escapades nocturnes où il chasse crabes, étoiles de mer, oursins ou Mollusques. Le jour, il reste posté à l'entrée de sa tanière. Ses pinces sont armées différemment : l'une effilée et tranchante découpe les proies, tandis que l'autre, plus massive, les broie.

À l'occasion des grandes marées, le pêcheur à pied, l'œil en alerte, s'efforce de repérer un monticule de sable repoussé hors du trou qui trahirait la présence d'un Homard. Il sonde alors le terrier à l'aide d'une baguette munie d'un crochet. S'il sent une présence il doit s'affairer à pousser l'animal en dehors. En pratique, il est encore loin de l'assiette ; le Homard peut se carapater par une autre sortie ou passer entre les jambes du pêcheur avant qu'il ait eu le temps de l'attraper. Fait intéressant, les recettes du Homard à l'américaine, à la provençale ou à l'armoricaine sont identiques : à base de tomate et de cognac.

À l'aide d'un crochet, le pêcheur pousse le Homard hors de son terrier.

Parade nuptiale (On se serre la pince !)

Le Bernard-l'ermite commun (*Pagurus bernhardus*)

Le pagure des rochers (*Clibanarius erythropus*)

Crustacé décapode
Famille : Paguridés
Distribution : mer du Nord, Manche et Atlantique
Habitat : ce Bernard-l'ermite se plaît dans des milieux très divers (sableux, rocheux, prairies maritimes...) à partir de l'étage médiolittoral.

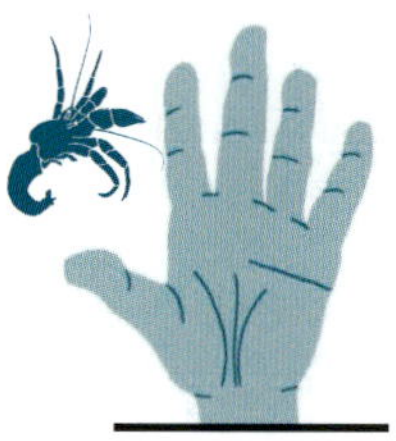

L'origine du nom Crustacé vient de « croûte » ; il signifie que ces animaux sont dotés d'une carapace calcaire qui leur assure une protection. Mais, lorsque l'on voit un Bernard-l'ermite (ou Pagure) hors de sa coquille, on constate une partie avant bien cuirassée et un abdomen absolument mou ! Ce n'est pas un oubli des dieux, mais bien une adaptation. Cet abdomen rentre parfaitement dans la coquille en colimaçon d'un gastéropode, dans laquelle le Bernard-l'ermite peut même entièrement disparaître, se trouvant ainsi protégé à l'abri de cette carapace de substitution. La fixation à l'intérieur de la coquille est assurée à l'extrémité de l'animal par le telson, appendice transformé en crochet.

La pince droite du Bernard-l'ermite commun, beaucoup plus développée, sert de signal d'avertissement à l'égard d'éventuels assaillants et permet de clore la coquille en cas de danger. Certaines espèces sont « droitières », d'autres sont « gauchères » et d'autres encore ont des pinces identiques. Celles-ci ont également un rôle dans l'alimentation de ces animaux omnivores opportunistes, qui se nourrissent aussi bien d'animaux morts que de petites proies vivantes ou de végétaux.

Lors de la reproduction, le mâle effectue une parade nuptiale en tapotant la femelle avec sa pince (voir photo). Pour la copulation, les Bernard-l'ermite prennent le risque de s'extraire de leur coquille protectrice pour s'accoler en face ventrale. Une fois pondus, les œufs demeurent sous l'abdomen de la femelle où ils sont maintenus sur des appendices, à l'abri de la coquille. À l'éclosion, les larves quittent la coquille maternelle pour mener une vie planctonique pendant deux mois, passant par différents stades larvaires successifs. Elles regagnent ensuite le fond de la mer où les juvéniles se mettent en quête d'une coquille adaptée à leur taille.

En grandissant, le Bernard-l'ermite doit régulièrement changer de coquille. Son choix est déterminant puisqu'il conditionne sa mobilité et sa chance de survie. La compétition entre individus pour les meilleures coquilles est forte et il n'est pas rare que les Pagures en viennent aux pinces pour s'en octroyer la propriété.

L'anémone de mer *Calliactis parasitica* est communément observée sur les coquilles abritant un Bernard-l'ermite. Cette colocation s'avère bénéfique pour les deux espèces : les tentacules urticants de l'anémone repoussent d'éventuels prédateurs et en retour elle peut bénéficier des restes de repas du Pagure. Cette interaction intime pourrait même pousser le Bernard-l'ermite à garder sa précieuse anémone à chaque changement de coquille. En revanche, pas question d'échange de services avec la Néréide (p. 142), qui peut se faufiler dans une coquille occupée par un Bernard-l'ermite. Si elle peut aussi récupérer les miettes d'une collation, elle peut tout aussi bien se faire attraper par les pinces du Bernard-l'ermite qui lui non plus n'en perdra pas une miette.

Cette anémone parasite (*Calliactis parasitica*) recouvre entièrement la coquille qui abrite ce Bernard-l'ermite.

Surprise sous une pierre, la galathée « claque » de l'abdomen pour se débattre.

La Galathée noire (*Galathea squamifera*)

Œufs sous l'abdomen de la femelle

Crustacé décapode
Famille : Galathéidés
Distribution : mer du Nord, Manche, Atlantique et Méditerranée
Habitat : fuyant la lumière, on trouve les Galathées sous les rochers à partir de l'étage médiolittoral.

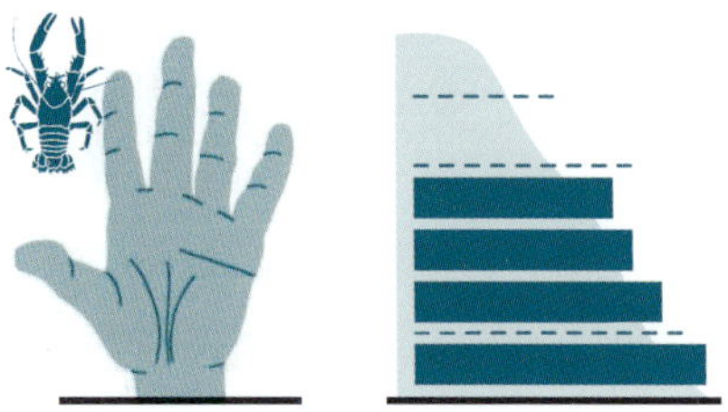

Il se peut qu'en soulevant un rocher à marée basse, un petit Crustacé se mette à sautiller en claquant rapidement de la queue, couché sur le dos, pour tenter de s'enfuir dans le peu d'eau que la marée a laissé. Ce petit claquement est caractéristique de la Galathée noire. Si vous la saisissez, il est probable que les fines épines qui la recouvrent vous surprendront et qu'elle retrouvera immédiatement sa liberté dans un geste de peur. Cette petite bête est pourtant bien inoffensive.

À y regarder de plus près, on comprend que sa queue, peu épaisse mais large, lui permet de se déplacer par propulsion, « à reculons » dans l'eau. Sa nervosité nous renseigne sur sa rapidité. La Galathée a des mœurs plutôt nocturnes. La journée, elle se blottit sous les rochers ou dans leurs anfractuosités à l'abri des prédateurs.

En plongée en mer Méditerranée, on peut facilement apercevoir une autre espèce magnifiquement colorée, la Galathée bicolore (*Galathea strigosa*) (voir photo), plus rare sur le rivage de la côte atlantique. Elle se poste à l'entrée de petites grottes et en gagne aussitôt le fond lorsque le plongeur s'approche. Son nom scientifique, *strigosa,* qui signifie maigre, est sans doute la conséquence de la frustration d'un gourmet. En effet, elle est consommée comme la Langoustine, mais sa petite taille, une queue peu charnue et les épines qui la recouvrent la déprécient au goût du public. De plus, la Galathée est un animal fragile qui meurt rapidement sur les étals, c'est pourquoi elle n'est vendue que sur le littoral. Par ailleurs, une poignée de Galathées trouvées à marée basse peut très bien agrémenter une soupe de poissons.

La Galathée apprécie les rochers assez abrités où les particules en suspension dans l'eau se déposent. La nuit, elle se met en quête de particules alimentaires ; elle remue alors le sable en le portant à sa bouche grâce à ses appendices buccaux très soyeux, et le filtre. Un petit animal mort est aussi l'occasion d'un bon repas, elle déchiquette alors la chair à l'aide de ses longues pinces (plus longues que son corps). Elle s'accouple au printemps et à la fin de l'été.

En 2005, une équipe scientifique a découvert, sur une source hydrothermale au large de l'île de Pâques, une espèce de galathée jusqu'alors inconnue qui créa l'événement par son apparence. Cette galathée, pourvue d'une longue et étonnante pilosité sur les pattes et les pinces, s'est vu attribuer le sobriquet de Galathée yéti.

Larve

Agrippée à un surplomb : la position typique des galathées

Galathée bicolore
(*Galathea strigosa*)

Ce *macropodia* est une petite espèce de la même famille que la grosse araignée de mer.

L'Araignée de mer (*Maja brachydactyla* en Atlantique et *Maja squinado* en Méditerranée)

Juvénile moussu sur l'estran

Crustacé décapode
Famille : Majidés
Distribution : mer du Nord, Manche, Atlantique et *Maja squinado* en Méditerranée
Habitat : se rencontre parmis les rochers et dans les algues de l'étage infralittoral.

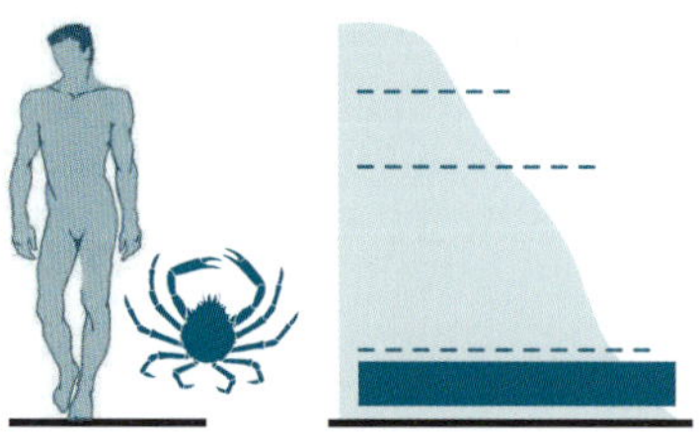

Il est vrai que cet animal porte bien son nom puisqu'il ressemble, mis à part son nombre de pattes, à nos araignées terrestres. Jusqu'en 1998, toutes les Araignées de notre littoral étaient confondues en une seule espèce : *Maja squinado*. C'est à cette date que les Araignées de mer d'Atlantique, Manche et mer du Nord ont été considérées comme appartenant à une espèce différente : *Maja brachydactyla*.

Les Araignées de mer vivent sur tout type de fond marin et mangent des algues, des petits Crustacés, des oursins ou des poissons morts. Pour limiter les risques de prédation par les Homards et les poissons carnassiers, la stratégie adoptée est de passer inaperçue, et la couleur de leur carapace va bien les aider. Mais, pour parfaire leur camouflage, les jeunes Araignées saisissent avec leurs pinces des algues ou d'autres petits organismes marins et les accrochent aux soies crochues de leur carapace, ce qui leur confère une allure « moussue », d'où le nom de Mousseuse ou Moussette donné à ces juvéniles. Au stade adulte, ce comportement disparaît pour laisser place à de l'épibiose (*épi*, dessus, *bio*, vie) : de petits animaux, tels que des balanes ou des éponges de mer, viennent se fixer de leur propre chef sur le dos des Araignées.

Les Araignées entreprennent des mouvements migratoires saisonniers ; elles gagnent les profondeurs (au-delà de 40 mètres) en hiver et se rapprochent des côtes au printemps, au moment de la saison de reproduction où de spectaculaires rassemblements peuvent avoir lieu. La femelle, qui a des pinces plus petites que celles du mâle, se différencie aussi par ses larges plaques abdominales qui accueillent les quarante mille à quatre cent mille œufs qu'elle protège pendant plusieurs mois jusqu'à leur éclosion, à la fin de l'été. Les jeunes larves mènent une vie planctonique pendant quelques semaines avant de gagner le fond et de se métamorphoser en minuscules Araignées de quelques millimètres. Il faudra ensuite deux ans et treize mues successives pour que les Moussettes deviennent des Araignées adultes et atteignent leur taille définitive. Contrairement aux crabes, les femelles peuvent être fécondées avant la mue, qui a souvent lieu en fin de printemps.

La pêche professionnelle se fait au casier et surtout au filet (environ 5 000 tonnes par an en France). Les amateurs pratiquent la pêche en plongée en apnée, mais il est possible de trouver des Araignées à pied lors des grandes marées, en palpant les parois rocheuses des flaques. Il est important de respecter la taille minimale de capture (carapace longue d'au moins 12 centimètres) et le nombre limité de prises (pas plus de six individus) pour un bon renouvellement des stocks. Les plus sensibles laisseront également les femelles grainées (avec des œufs) tranquilles. En été, la plupart des Araignées viennent de muer : elles sont donc molles, remplies d'eau : il est trop tard pour les pêcher. Les pinces de l'Araignée de mer ne sont pas aussi épaisses que celles du Tourteau (p. 72), mais sa chair est appréciée pour être bien plus fine.

Œufs

Juvénile

Mâle

Le Tourteau (*Cancer pagurus*)

Sous les rochers, le « dormeur » dort.

Crustacé décapode
Famille : Cancridés
Distribution : mer du Nord, Manche, Atlantique, rare en Méditerranée
Habitat : on le trouve à moitié enseveli dans le sable sous une grosse pierre ou dans les anfractuosités des rochers à partir du médiolittoral moyen.

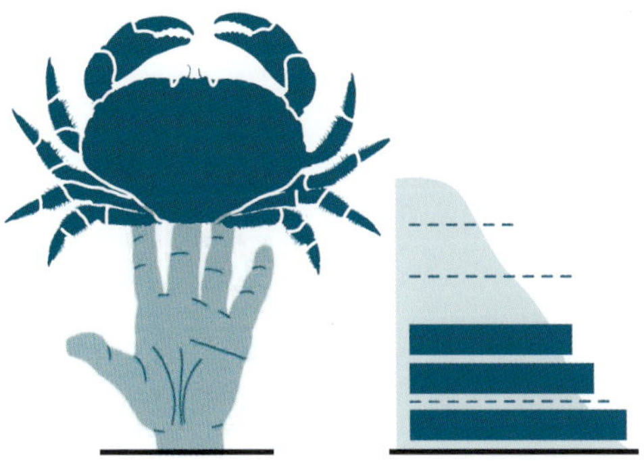

C'est le plus gros Crabe de notre littoral. Il se reconnaît aux bords de sa carapace festonnés comme une tourte (d'où son nom) et à l'extrémité noire de ses pinces. Il faut d'ailleurs se méfier de ces dernières, qui sont capables d'écraser un Pourpre petite pierre (p. 106) ; on dit même qu'elles peuvent briser un doigt ! Les noms de Dormeur ou Clos-poing qu'on lui donne également viennent de son comportement lorsqu'il est sur le dos : il recroqueville ses pattes et pinces sur lui-même et ne bouge plus, comme s'il dormait.

En grandissant, le Tourteau quitte le rivage pour les profondeurs. Cependant, lors des grandes marées, on peut trouver, pourvu qu'on s'en donne la peine, des individus de bonne taille (se renseigner sur la taille minimale de pêche) sous ou dans les failles des rochers. Une fois repérés, il est assez difficile de les déloger de leur retraite : ils utilisent leur puissance pour se bloquer entre les parois du rocher. Les pêcheurs à pied utilisent souvent un crochet pour parvenir à leurs fins, mais il faut quelquefois savoir abandonner la partie plutôt que de les blesser sans même pouvoir les attraper. En soulevant les pierres, il est courant de trouver de petits Tourteaux à moitié ensablés : faites attention de ne pas les écraser en remettant la pierre en place !

Le Tourteau se nourrit la nuit. Il est charognard mais mange aussi des proies comme les crabes, les Moules ou les Bigorneaux. Il semble qu'il puisse consommer des couteaux (p. 134) enfouis dans le sable. Il s'attrape à la pêche aux casiers, appâté par des morceaux de poisson. Sa présence s'impose sur les plateaux de fruits de mer : ses pinces riches en chair ravissent les gourmands. Ignorant la bioéthique, certains ont pensé à lui arracher les pinces et à le remettre à l'eau pour qu'il régénère ses membres à la mue suivante. Une étude a cependant démontré que le surplus d'énergie alloué à la régénération freine la croissance de l'animal. Cette espèce n'est pas considérée comme menacée, mais tous les casayeurs (les pêcheurs aux casiers) s'accordent à dire que les pêches sont moins fructueuses que par le passé. On constate la même chose sur les estrans où il devient rare.

Lors de la reproduction, au printemps, les femelles sont maintenues entre les pattes des mâles en attendant leur mue pour être ensuite fécondées, comme chez l'Étrille (p. 74). La femelle pond en hiver, jusqu'à vingt millions d'œufs selon sa taille. Elle les garde sous son abdomen et les petites larves quittent le giron maternel au printemps suivant. Alors que les mâles sont sédentaires, les femelles peuvent parcourir de grandes distances. Des déplacements de 260 kilomètres ont ainsi déjà été observés. Ils s'effectuent dans le sens opposé au courant marin et pourraient permettre de contrer la dérive des larves planctoniques. Par chance, les femelles grainées (portant des œufs) ne se nourrissent pas, ce qui leur évite de se faire capturer dans les casiers appâtés. Il semble qu'elles préfèrent les fonds sablo-vaseux où elles se blottissent pendant l'incubation.

Débusqué de son terrier sous une grosse pierre

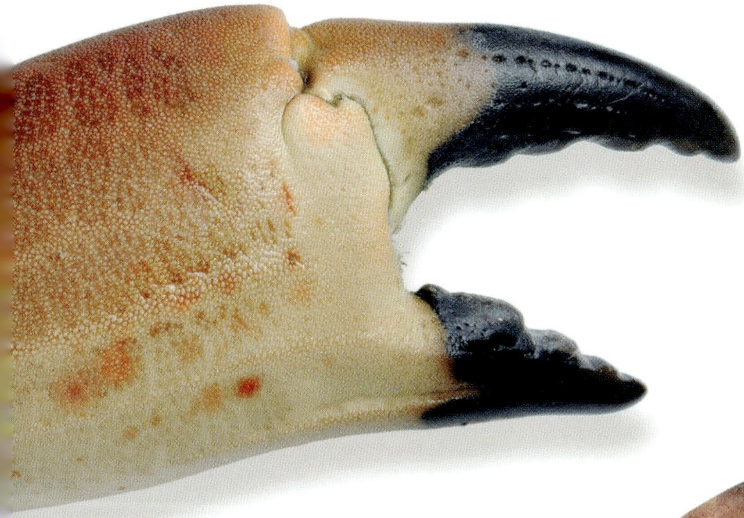

Les yeux « cerise » de l'étrille

L'Étrille (*Necora puber*)

Crustacé décapode
Famille : Polybiidés
Distribution : mer du Nord, Manche, Atlantique et Méditerranée
Habitat : affectionne les milieux rocheux, où elle se cache. Il faut compter sur une marée de grand coefficient pour voir de gros individus.

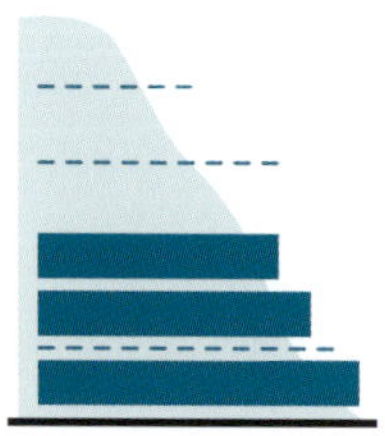

Une partie de pêche à l'Étrille, qui se pratique lorsque le coefficient de marée est supérieur à 90, peut se révéler assez sportive. En effet, très combatif et bien décidé à ne pas finir à la casserole, ce petit crabe mettra toute son énergie en œuvre (et il n'en manque pas) pour éviter cette tragique fin. Une bonne paire de gants peut être salutaire contre ses redoutables pinces, aiguisées et puissantes. Le pêcheur à pied peut la débusquer en regardant sous les pierres (qu'il pense à remettre parfaitement en place, en bon pêcheur !). L'Étrille se faufile alors sous une autre pierre, que le pêcheur soulève et ainsi de suite… Sans oublier que, si elle gagne l'eau, sa cinquième paire de pattes en forme de rame fait d'elle une excellente nageuse. Mais beaucoup d'Étrilles perdent la partie ; une récente étude menée par des universitaires et une association de valorisation des estrans a évalué, rien que sur l'île d'Oléron, à plus de quatre cent mille le nombre d'Étrilles capturées par an en pêche à pied. Il apparaît cependant que les populations sous-marines (l'Étrille vit jusqu'à 80 mètres de profondeur) sont très importantes, que les échanges entre cette réserve et l'estran sont permanents et que donc cette espèce ne semble pas menacée par la pêche à pied. Une taille minimale est à respecter. L'excellence de sa chair justifie qu'elle soit considérée comme un plat de luxe en Espagne.

L'aspect de velours qui recouvre sa carapace lui vaut le nom de Crabe laineux en Méditerranée. Elle est aussi appelée, selon les régions, Chèvre, Crabe nageur ou encore Crabe cerise à cause de l'étonnante couleur de ses yeux. Les Étrilles sont opportunistes. Il semble que celles qui vivent sur l'estran se nourrissent principalement d'Algues brunes (mais aussi de Patelles), et que les espèces vivant en profondeur se nourrissent plutôt de proies animales. Pour grandir, comme tous les Crustacés, l'Étrille doit muer. Les jeunes croissent vite et leurs mues sont fréquentes. Les mâles muent avant les femelles afin d'assurer leur robustesse lors de la copulation.

Les accouplements s'effectuent à la belle saison. Le mâle, alerté par l'émission de phéromones des femelles juste avant la mue, en agrippe une entre ses pattes. Ils vont rester ainsi environ une semaine, jusqu'à ce que la femelle mue. Elle sera ensuite retournée en position ventrale pour l'accouplement et finalement libérée. Les spermatozoïdes fécondent les œufs au moment de la ponte, qui a lieu préférentiellement au large, en zone sablo-vaseuse. La femelle porte quelques dizaines à quelques centaines de milliers d'œufs selon sa taille, sous son abdomen. Les larves libérées à l'éclosion passent par différents stades et donnent de jeunes Étrilles au printemps. Ce cycle peut toutefois varier selon les régions et deux pontes peuvent avoir lieu dans l'année, généralement en hiver et au printemps. Il est inutile de ramasser les Étrilles qui viennent de muer et qui sont encore molles ou claires, car elles sont surtout pleines d'eau.

Il faut savoir saisir l'étrille sans se faire pincer.

Mâle

Femelle

Les pinces menaçantes dissuadent d'attraper l'animal.

Le Crabe vert ou **Crabe enragé** (*Carcinus maenas*)

Accouplement

Crustacé décapode
Famille : Portunidés
Distribution : mer du Nord, Manche, Atlantique et *Carcinus aestuarii* en Méditerranée.
Habitat : d'une grande tolérance, ce crabe vit dans l'eau très salée ou saumâtre, dans les milieux rocheux, sableux ou des prairies marines et dans le haut comme dans le bas de l'estran.

Le Crabe vert n'est pas particulièrement querelleur : comme la plupart des animaux, il choisit d'abord la fuite. Mais si, poussé par votre curiosité, vous vous intéressez à lui avec insistance, vous serez rapidement considéré comme un agresseur et il peut devenir très combatif.
En effet, s'il n'a pas d'autre solution que de tenter la dissuasion, il adoptera sa position de combat ; pinces grandes ouvertes au-dessus de lui. Et vous constaterez vite que ce petit hargneux porte bien son nom de Crabe enragé. Son nom scientifique *Carcinus* (crabe en latin) *maenas*, qui lui vient des Ménades, femmes de la mythologie grecque qui s'adonnaient à la transe, au délire et à la violence, y fait aussi référence. Alors gare aux doigts qui demeurent à sa portée. Ça pince fort !
Sa couleur est communément verte, tirant sur le marron (beaucoup plus variable ou teintée de blanc chez les jeunes). Son ventre, toujours plus clair, peut être vert, jaune, orange et même rouge.
Contrairement à une idée reçue, les crabes à ventre orange ne sont pas forcément des mâles. Cela prouve seulement que c'est un individu qui n'a pas mué depuis longtemps. Les Crabes verts que l'on trouve dans les laisses de mer sont en fait des mues vides.
Le Crabe vert vit de quatre à sept ans, principalement dans la zone de balancement des marées, et supporte bien les écarts de température.
Très peu exigeant, c'est le crabe le plus commun de nos côtes. On le trouve sur les plages de sable ou dans les rochers, il supporte la pollution et les taux de salinité faibles des estuaires. C'est la nuit que le Crabe vert est le plus actif. Grâce à ses fortes pinces, il est capable d'ouvrir les coquillages pour les déguster. Mais là encore, il n'est pas difficile, il mange Mollusques, Crustacés, vers… vivants ou morts, et même des algues.
Cette espèce a été introduite accidentellement en Amérique du Nord au début du XIXe siècle et en Afrique dans les années 1980. Son comportement agressif est problématique pour les espèces autochtones et sa prédation importante sur les coquillages en fait une espèce invasive particulièrement redoutée. Le Crabe vert que l'on trouve en Méditerranée est une autre espèce très proche (*Carcinus aestuarii*).
Pour se reproduire, le mâle va tout d'abord séquestrer une femelle mature entre ses pattes. Nettement plus gros qu'elle, il la gardera jalousement en attendant qu'elle mue. Alors que sa carapace n'aura pas eu le temps de se durcir après la mue, la femelle se retournera abdomen contre abdomen pour enfin s'accoupler. Elle gardera ensuite ses œufs (jusqu'à deux cent mille) plusieurs semaines fixés à ses pattes de l'abdomen avant de laisser les petites larves planctoniques (appelées zoés) partir au large faire leur vie (ou se faire manger… oups !).
Le crabe vert n'est pas renommé pour sa qualité gustative, mais il est quelquefois consommé en soupe lorsqu'on le trouve en nombre. Les goélands, poissons ou seiches restent ses plus grands prédateurs.

Juvénile

Un mâle en promenade

Le Crabe petit pois ou Pinnothère (*Pinnotheres pisum*)

À l'abri dans la coquille de son hôte

Crustacé décapode
Famille : Pinnothéridés
Distribution : mer du Nord, Manche, Atlantique et Méditerranée
Habitat : c'est l'hôte des Moules, Amandes de mer, Praires, Palourdes, Huîtres, mais aussi dans les branchies des Ascidies

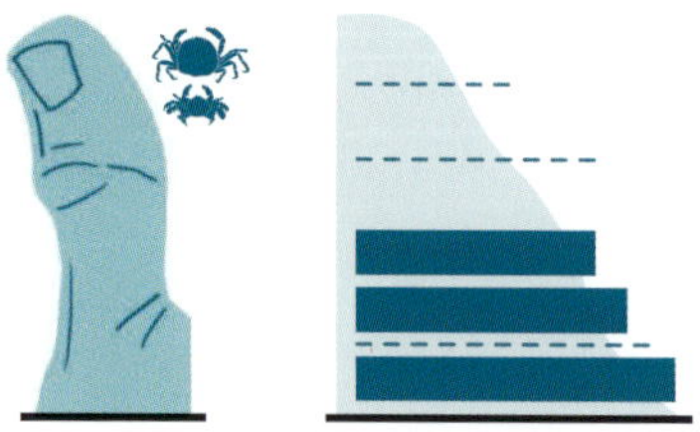

Il est un des plus petits crabes, il vit discret et bien caché, mais sa présence peut quelque peu gâcher un bon repas. C'est en dégustant une délicieuse Moule qu'un petit craquement sous la dent d'un convive trahira sa présence et fera parler de lui. En effet, le Crabe petit pois a une fâcheuse tendance à trouver refuge au sein d'un Bivalve qui lui offrira le gîte et le couvert. S'il se trouve communément dans les Moules, d'autres espèces logent aussi dans les Palourdes, les Praires, les Huîtres... Une autre espèce du même genre vit même dans les Ascidies (voir p. 164).

Les jeunes des deux sexes sont d'apparence similaire. Mais, après l'accouplement, qui aurait lieu dans l'hôte, une métamorphose se produit chez la femelle et un grand dimorphisme sexuel apparaît (différences morphologiques entre mâle et femelle). Elle mise tout sur une abondante descendance grâce à un gros abdomen tout rond sous lequel elle accrochera ses œufs. C'est sa forme globuleuse et sa taille (jusqu'à 12 millimètres) qui a inspiré le nom vernaculaire Crabe petit pois. On peut voir les gonades bien rouges de la femelle, qui forment un dessin, à travers sa carapace transparente. Elle choisit la cavité palléale (sous le manteau, près des branchies) d'une belle Moule pour lui assurer une solide protection lorsqu'elle entamera sa phase de gestation. Il semblerait qu'alors elle ne quittera plus son hôte. Le mâle, quant à lui, a une vie plus errante. Il reste plus petit (pas plus de 7 millimètres) et ses pattes sont couvertes de soies qui lui facilitent la nage. Il a proportionnellement des pinces plus fortes, des yeux et des antennes plus proéminents que la femelle.

Les Grecs qui le connaissaient déjà pensaient que ce petit crabe veillait à la bonne sécurité de son logeur. En réalité, c'est plutôt l'inverse. En une bouchée, la petite taille et la finesse de la carapace de ce crustacé satisferaient bien des prédateurs. L'abri d'un Bivalve lui offre une forteresse imprenable. De plus, lorsque ce dernier entrouvre sa coquille pour respirer, un continuel courant d'eau lui apporte oxygène et alimentation à demeure.

D'abord considéré comme symbiote (qui vit en symbiose, à bénéfice mutuel), il est maintenant vu comme un parasite de la Moule parce qu'il endommagerait ses branchies et diminuerait ses capacités de reproduction... et que sa présence fait grincer des dents les consommateurs. La prévalence (taux d'infestation) est moins grande dans les hautes moulières (qui découvrent souvent) et peut être très variable suivant les régions. Elle est plus importante en automne et en diminution au printemps et en été. Dans la plupart des cas, on trouve une femelle, mais on peut aussi découvrir un couple ou plusieurs femelles. Le Crabe utilise ses pinces pour saisir le mucus qui se détache des branchies de la Moule et s'en nourrir. Il est souvent colporté qu'une Moule infestée est bien plus savoureuse... est-ce une réalité ou un argument de vente ? Il ne vous reste plus qu'à en juger par vous-même !

Une femelle et ses œufs

Mâle

Femelle

Polyplacophore,

Les chitons sont les seuls représentants des Mollusques polyplacophores (« portant plusieurs plaques » en grec). Leur corps ovale et aplati est recouvert de huit plaques calcaires articulées, ce qui leur permet de se rouler en boule pour se protéger.

Presque exclusivement marins, le grand groupe des Gastéropodes comprend les Mollusques, qui ont presque tous une coquille torsadée. Ils ont une tête bien distincte et se nourrissent grâce à une « langue » râpeuse appelée radula. Le terme Gastéropode vient du grec *gaster* (estomac) et *podo* (pied), mais ceci ne démontre pas qu'ils ont l'estomac dans les talons.

Gastéropodes

Le Grand chiton épineux (*Acanthochitona fascicularis*)

Mollusque polyplacophore
Famille : Acanthochitonidés
Distribution : Manche, Atlantique et Méditerranée
Habitat : se rencontre sous les rochers des zones médiolittorales et infralittorales, de préférence dans les endroits exposés aux vagues.

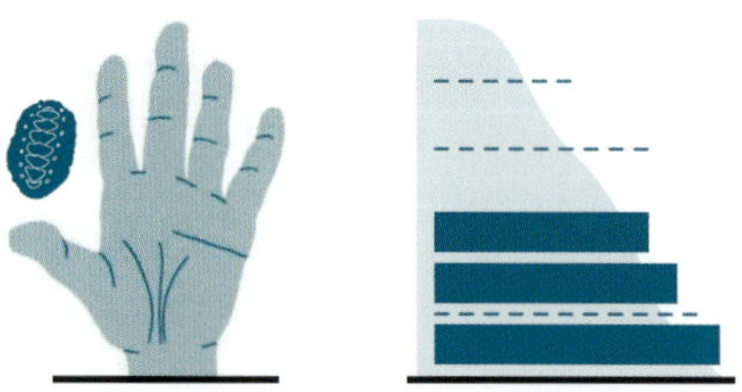

Les Chitons sont des Mollusques qui savent se faire discrets, ils vivent dans la zone de balancement des marées ou juste en dessous. Ils se cachent sous les pierres ou dans les anfractuosités des rochers. Il faut penser à remettre la pierre en place pour qu'ils ne finissent pas dans le bec d'un goéland. Leurs couleurs cryptiques leur permettent de se fondre dans le décor. C'est le motif répété de leurs plaques dorsales que l'on repère. Ils appartiennent à la classe des Polyplacophores (littéralement « porteurs de nombreuses plaques ») dont ils sont les seuls représentants.

Des fossiles de Chiton datant d'un demi-milliard d'années ont été trouvés. Bien que considérés comme « primitifs », les chitons ont néanmoins su évoluer. Leurs plaques, au nombre de huit, sont en aragonite (carbonate de calcium). Une récente étude a mis en évidence la présence d'une multitude de lentilles qui auraient un double indice de réfraction adapté à l'air libre et à l'immersion, sous lesquelles débouchent des rétines capables de percevoir les ombres. De chaque côté des plaques, sont implantées de petites touffes de soies hirsutes. Il semble qu'elles jouent un rôle dans le refroidissement de l'animal par un phénomène de convection. Par ailleurs, la radula du chiton, sorte de râpe formée de nombreuses dents permettant de brouter le film d'algues microscopiques des rochers, est très résistante du fait de sa composition riche en magnétite. Elle est étudiée pour la fabrication de biomatériaux (matériaux de composition inspirée du vivant) et son efficacité mécanique intéresse tout particulièrement l'ingénierie biomimétique (inspirée de la nature) pour des applications industrielles (par exemple pour des pelles de dragage).

Les chitons sont solidement agrippés grâce à leur large pied et se déplacent par reptation. Détachés, ils se mettent en position de défense : ils se roulent en boule grâce à leurs plaques articulées. Comme les Patelles (p. 88), les chitons partis brouter retourneraient ensuite à la même place de repos. Au moment de la reproduction, ils dispersent les gamètes mâles dans l'eau et ces derniers iront féconder les gamètes de la femelle (situés sous le manteau).

On peut trouver d'autres espèces communes sur nos littoraux, mais les différencier reste une affaire de spécialiste. Le Petit chiton épineux (*Acanthochitona crinita*) ressemble au Grand mais ne mesure jamais plus de 3 centimètres. D'autres espèces tout aussi discrètes sont pourvues de plaques qui recouvrent plus largement leur corps (voir photo) que celles des Chitons épineux.

Un autre genre de chiton (*Lepidochitona* sp.)

Les huit plaques
calcaires de l'animal

Bouche

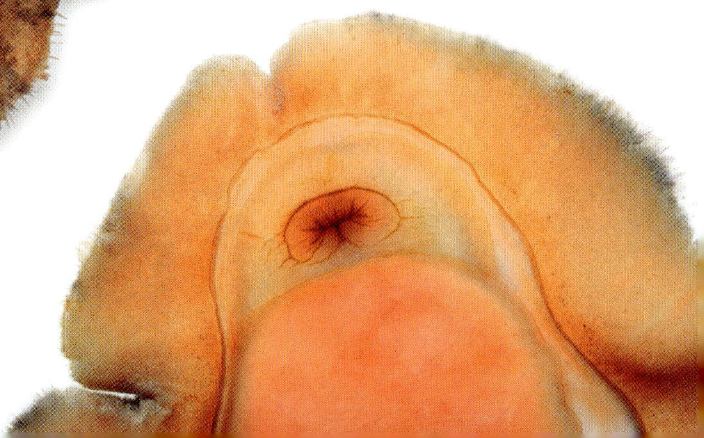

Branchies sous la coquille généralement cachées sous les parapodes

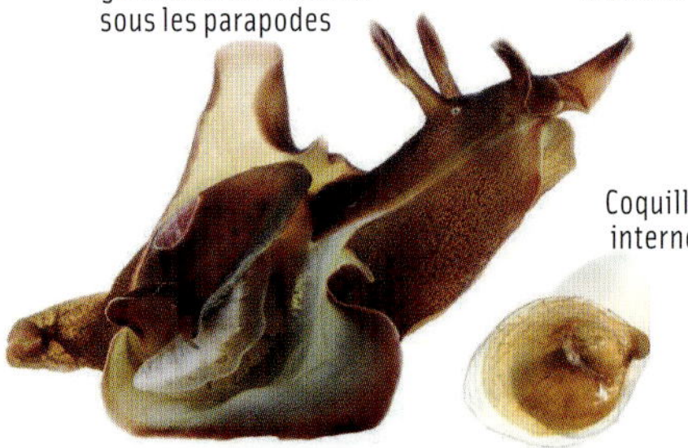

Coquille interne

Un lièvre de bonne taille

Le Lièvre de mer moucheté (*Aplysia punctata*)

Ponte de l'Aplysie

Mollusque gastéropode (Opisthobranches)
Famille : Aplysiidés
Distribution : mer du Nord, Manche, Atlantique et Méditerranée
Habitat : dans les herbiers et sous les algues en limite des rochers de l'étage médiolittoral inférieur. Peuvent être observés en nombre au moment de la reproduction et des pontes.

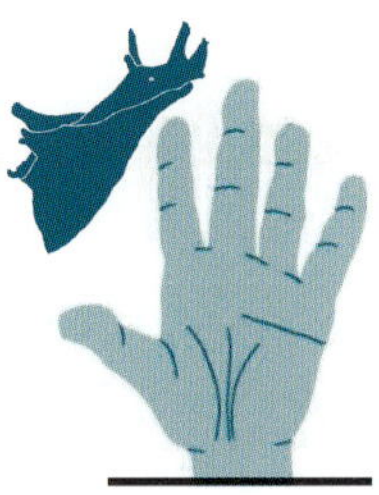

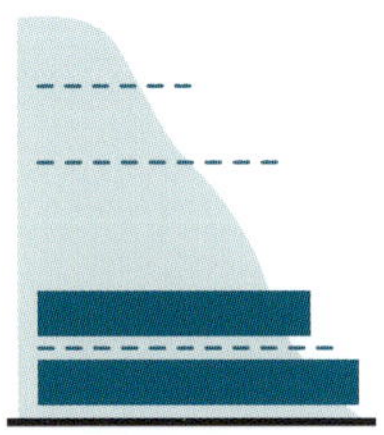

À y regarder de plus près, ce Lièvre de mer serait plutôt une Limace de mer, puisque en effet c'est un Mollusque (qui appartient à la famille des Aplysiidés). Les Aplysies sont de paisibles phytophages broutant les algues des fonds marins, qui n'ont pas la rapidité de leur « homonyme » terrestre, mais deux tentacules olfactifs qui rappellent des oreilles de lapin. La dénomination de Limaces de mer que leur attribuent les anglophones correspond mieux à leur mode et à leur vitesse de déplacement. Toutefois elles sont aussi capables de nager, en utilisant les expansions latérales de leur corps (les parapodes) comme des ailes. Ces parapodes cachent la branchie et la coquille quasi invisible de l'animal.

C'est grâce aux neurones du Lièvre de mer qu'en 2000 Eric Kandel s'est vu décerner le prix Nobel de médecine, pour les travaux qu'il avait menés sur les processus de mémorisation et de réflexe. L'Aplysie possède en effet peu de neurones (plusieurs milliers, alors que le cerveau qui lit ces lignes en a quinze milliards) mais ils sont énormes, au point d'être visibles à l'œil nu. Le Lièvre de mer est même considéré par certains neurobiologistes comme un modèle idéal pour comprendre les maladies neurodégénératives, comme la maladie d'Alzheimer.

Malgré un nombre de neurones limités, le Lièvre de mer possède des moyens insoupçonnés pour échapper aux prédateurs. Si son salut ne tient pas à sa rapidité d'esquive, l'animal produit une substance violacée (le « vinaigre », voir photo) qui, à l'instar de l'encre de la Seiche, décourage les assaillants. L'analyse de ce « nuage de fumée » a d'ailleurs réservé bien des surprises. Il contient une substance appelée opaline qui inhibe les mouvements et supprime la perception des odeurs ! Un phénomène unique dans le monde animal puisque l'opaline agirait directement sur le système nerveux du prédateur. Par ailleurs, le vinaigre du Lièvre de mer moucheté contient des substances qui déclenchent la mort de cellules tumorales, et qui pourraient se révéler très intéressantes pour le traitement de certains cancers.

Quant à ses mœurs sexuelles, le Lièvre de mer ne s'en cache pas ! Il est effectivement fréquent d'observer des files de quatre ou cinq individus en train de s'accoupler. Hermaphrodites, ils possèdent des organes sexuels mâles et femelles. Un premier individu se fait ainsi féconder par un deuxième, qui se fait lui-même féconder par un troisième, et ainsi de suite pour former des chaînes de copulation.

La ponte rose ou jaune déposée sur les rochers est facilement reconnaissable par sa ressemblance avec les spaghettis. Quelques semaines après l'éclosion, les petites larves planctoniques se métamorphosent en juvéniles et prennent l'apparence de leurs parents. Sur notre littoral, trois espèces sont difficiles à différencier : *Aplysia punctata*, *Aplysia faciata* et *Aplysia depilans*. Le Petit lièvre de mer, *Aplysia parvula*, se reconnaît lui à sa petite taille et au bord noir de ses parapodes (photo ci-dessous).

Une autre espèce plus petite : l'Aplysie naine (*Aplysia parvula*)

Émission de substance répulsive

L'Ormeau
(*Haliotis tuberculata*)

Les beaux yeux de l'Ormeau

Mollusque gastéropode
Famille : Haliotidés
Distribution : Atlantique, Manche, et *Haliotis tuberculata* f. *lamellosa* en Méditerranée
Habitat : sous et dans les anfractuosités des rochers du niveau infralittoral

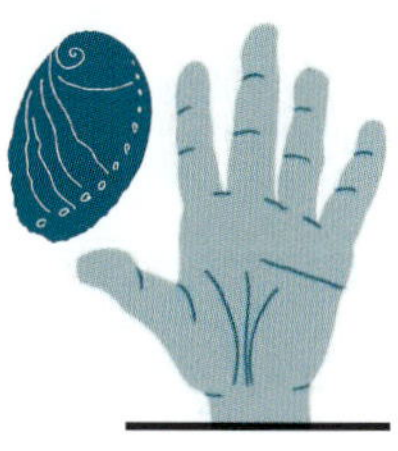

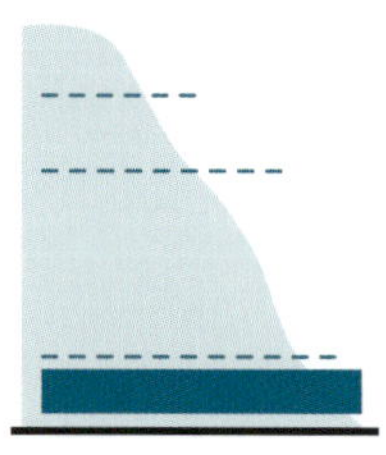

L'Ormeau est un animal apparenté aux Escargots. Comme son cousin terrestre, son corps mou est protégé par une coquille spiralée. Celle-ci est plate et le dernier tour de spire est perforé de nombreux orifices. Seuls les cinq à six derniers orifices demeurent ouverts et permettent à l'animal de respirer et de rejeter ses excréments. Cette coquille, qui vaut aussi à l'Ormeau le nom d'Oreille-de-mer, est généralement recouverte d'algues et de micro-organismes, lui permettant de se camoufler dans son milieu. L'Ormeau, cramponné à l'aide de son puissant pied, est ainsi protégé de ses prédateurs (Étoile de mer (p. 154), Poulpe, Daurade…). Ce pied est frangé de tentacules sensoriels et surmonté de deux jolis petits yeux bleus pédonculés, grâce auxquels l'animal perçoit son environnement. Il se déplace peu et essentiellement de nuit, à la recherche d'algues à sa convenance. Il peut en ingérer 10 à 30 % de son propre poids par jour. En mer Méditerranée, les Ormeaux sont plus petits et présentent des lamelles plissées sur la coquille (voir photo). Ils seraient de la même espèce que *Haliotis tuberculata* mais de sous-espèce *lamellosa*.
Au moment de la reproduction (influencée par les conditions climatiques), les Ormeaux mâles et femelles émettent simultanément leurs gamètes par les orifices de la coquille, dans le milieu marin où a lieu la fécondation. Les jeunes larves mènent une vie planctonique courte n'excédant pas une semaine, à l'issue de laquelle elles tombent sur le substrat pour adopter des mœurs identiques à celles des adultes. La croissance est lente et la maturité sexuelle est atteinte dans leur troisième année. La taille légale de pêche (9 centimètres) est atteinte à sept ans.
L'Ormeau se pêche à l'occasion des grandes marées. Le pêcheur à pied part à sa recherche en retournant les pierres et en palpant les crevasses et le dessous des rochers immergés. Un crochet ou un couteau sera indispensable pour parvenir à décoller l'Ormeau de la roche qu'il agrippe fermement. Sa lente croissance et la vulnérabilité de ses populations ont conduit à la mise en place d'une réglementation très stricte de sa pêche. Date de prélèvement, nombre de prises, taille de l'animal, il convient de se renseigner sur les règles en vigueur.
Malheureusement, un marché clandestin s'est développé et des individus peu scrupuleux n'hésitent pas à le pêcher en plongée (interdit sauf pour les professionnels patentés). Des fermes d'élevage marin voient progressivement le jour en Bretagne et en Normandie, pour le plus grand plaisir des gourmands.
En période de grandes marées, des bruits sourds en provenance de la cuisine peuvent se faire entendre car il faut battre l'Ormeau avant cuisson ! Le pied très musculeux doit en effet être préalablement attendri avant d'être consommé. Une fois décoquillé et éviscéré, il est donc placé dans un linge et frappé violemment à l'aide d'un rouleau à pâtisserie ou d'un marteau, avant de finir à la poêle.

Belle pêche ! (3 ormeaux)

Espèce de Méditerranée

Patelle bleue de Méditerranée (*Patella caerulea*)

Patelle sur l'estran

La Patelle commune (*Patella vulgata*)

Coquille entièrement recouverte d'algues encroutantes

Mollusque gastéropode
Famille : Patellidés
Distribution : mer du Nord, Manche, Atlantique et *Patella caerulea* en Méditerranée
Habitat : très commune, fixée sur les rochers de la zone de balancement des marées

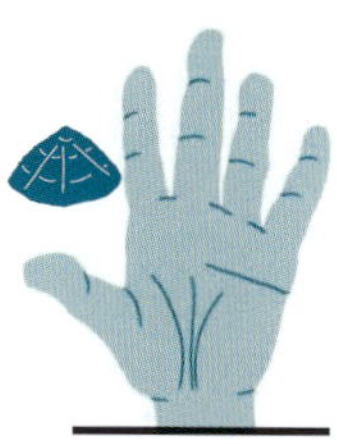

Nommée Bernique (Bretagne), Arapède (Méditerranée), Jambe (Poitou-Charentes), Œil-de-bouc ou encore Chapeau chinois, la Patelle (*plat* en latin) est un coquillage bien connu. Ce Gastéropode, solidement fixé à la roche par un puissant pied, survit à l'exondation (lorsque la mer se retire) grâce à la réserve d'eau qu'il maintient sous sa coquille. Il est ainsi capable de survivre à un soleil des plus ardents (plus de 40 °C).

Les escapades alimentaires de la Patelle sont généralement d'une cinquantaine de centimètres, mais elle peut parcourir plusieurs mètres. Repue ou pressée par la marée, elle retourne ensuite à son unique aire de repos (elle pratique le *homing*). Elle retrouve son chemin grâce au mucus qu'elle a laissé sur le sol et semblerait aussi utiliser des repères visuels. Elle récupère de l'énergie au retour en raclant son mucus déposé sur le rocher, ce qui permet également la capture de micro-algues.

La Patelle se nourrit à l'aide de son mufle, au bout duquel une radula, longue râpe en ruban de plusieurs centimètres incrustée de minuscules dents (voir photo), racle le rocher pour récupérer la fine pellicule de micro-algues qui le recouvre. Sur certains estrans rocheux, elle serait la cause de la mise à nu des rochers en empêchant le développement des algues brunes.

Ce n'est pas un hasard si la Patelle n'est quasiment pas pêchée. La cause n'est pas qu'une histoire de goût, mais surtout que sa chair est ferme. Laissez-vous tout de même tenter par l'expérience ! On dit qu'il faut choisir une Patelle cachée sous les algues, pas trop grosse et de préférence en bas de l'estran. La Patelle crénelée *Patella depressa* (voir photo), serait la meilleure. Muni d'un solide couteau, il faut en glisser la lame par surprise entre la coquille et le rocher pour décoller l'animal.

Si vous ratez votre geste, passez à la suivante car la première, traumatisée, restera impossible à décoller. Pour les plus délicats, ne mangez que le pied.

On trouve des traces de consommation de Patelle datant d'une dizaine de millénaires. Plus récemment, consommées en ragoût, en escabèche, poêlées au beurre ou sur la braise, elles ont fait le bonheur des plus démunis en période de disette.

On peut citer trois autres espèces que l'on rencontre sur nos côtes : la Patelle crénelée (*Patella depressa*), aplatie, au pied gris et à l'intérieur de la coquille rainuré de noir ; la Patelle rugueuse (*Patella ulyssiponensis*), assez plate, souvent immergée et au pied orangé ; la Patelle bleue (*Patella caerulea*), la plus commune de la côte méditerranéenne.

La Patelle change de genre au cours de sa vie, d'abord mâle pendant les trois ou quatre premières années de sa vie, puis femelle (l'espèce est dite hermaphrodite protandrique). Les deux sexes libèrent leurs gamètes en automne et en hiver. Les larves ont une vie planctonique durant une quinzaine de jours, puis subissent une métamorphose et se fixent finalement sur les rochers.

Radula qui permet à la Patelle de brouter

La Crépidule
(*Crepidula fornicata*)

Sur une Coquille Saint-Jacques

Mollusque gastéropode
Famille : Calyptraéidés
Distribution : mer du Nord, Manche, Atlantique et Méditerranée
Habitat : vit fixée, quelquefois sur un autre coquillage, dans la zone de balancement des marées.

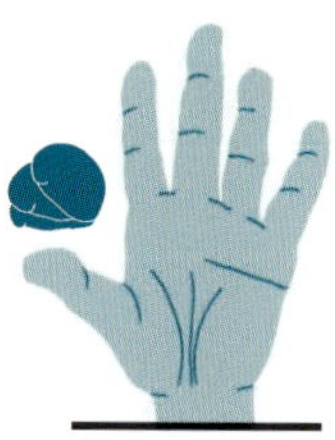

La Crépidule, d'origine nord-américaine, est également nommée Pantoufle de mer en raison de la cloison caractéristique qui couvre la face inférieure de sa coquille. Elle est apparue en Europe à la fin du XIXe siècle dans la baie de Liverpool, importée sur des Huîtres américaines (*Crassostrea virginica*). Son introduction sur les côtes françaises s'est déroulée en plusieurs étapes. La première arrivée massive s'est produite avec le débarquement de la fin de la Seconde Guerre mondiale ; la coque des bateaux alliés qui avaient préalablement séjourné plusieurs mois dans l'attente du jour J sur le littoral britannique en était colonisée. Dans les années 1970, pour faire face à la maladie qui décimait l'Huître portugaise (*Crassostrea angulata*), élevée dans les bassins français, l'importation de l'Huître japonaise (*Crassostrea gigas*) a entraîné une nouvelle vague de colonisation massive de la Crépidule, y compris en Méditerranée. Aujourd'hui elle est présente sur l'ensemble de nos côtes et prolifère dangereusement dans certaines baies abritées et estuaires.

La sexualité des Crépidules est étonnante ! Elles vivent en groupes et s'empilent les unes sur les autres. À partir d'un premier individu qui se fixe sur un support, d'autres larves ou jeunes mâles sont attirés grâce à l'émission de phéromones, formant une grande pile. La Crépidule mature est d'abord de sexe mâle. Les individus à la base de la pile (les plus vieux) se transforment au fur et à mesure en femelles. Ceux du milieu sont en phase de transition et les individus les plus jeunes, au sommet, sont des mâles. Bien que l'empilement soit organisé pour minimiser la distance entre les femelles et les mâles, ces derniers sont dotés d'un appendice sexuel démesurément long. Les femelles, après avoir été fécondées par plusieurs mâles du dessus, pondent des œufs qu'elles incubent un mois sous leur coquille (voir photo).

La prolifération de la Crépidule sur le littoral français n'est pas sans poser problème. En effet, contrairement à la plupart des Gastéropodes, la Crépidule se nourrit en filtrant les particules alimentaires de l'eau, mais elle peut aussi ramasser les détritus grâce à sa radula. Les densités qu'elle peut atteindre sont donc un fléau pour les parcs conchylicoles, qu'elle perturbe fortement en entrant en compétition avec les Huîtres notamment. Elle peut également entraîner une surmortalité des Moules d'élevage et réduire leur taux de croissance. Des effets très importants sont aussi observés sur les biotopes colonisés où elle favorise l'envasement du milieu, ce qui appauvrit la diversité faunistique benthique. Les moyens de lutte pour limiter sa prolifération sont difficiles à mettre en place. Toutefois, son exploitation industrielle naissante semble prometteuse, notamment pour la fabrication d'engrais naturels ou de peintures écologiques. Sa chair aurait un goût de noisette mêlé de champignon. Elle a fait son apparition en cuisine sous l'appellation « Berlingot des mers » depuis la mise au point de procédés de décorticage.

Ponte

Grain de café à trois points

Le Grain de café
(*Trivia arctica, Trivia monacha*)

Mollusque gastéropode
Famille : Triviidés
Distribution : mer du Nord, Manche, Atlantique et Méditerranée
Habitat : sur et sous les rochers de l'étage infralittoral

En considérant ce coquillage, c'est son nom vernaculaire qui nous étonne le plus. Mis à part quelques petites ridules transversales, il ressemble effectivement par sa forme et sa taille à un grain de café. Nous trouvons trois espèces de ce petit gastéropode sur nos estrans. L'un, *Trivia arctica*, est d'un blanc rosé uni. L'autre, *Trivia monacha*, légèrement plus gros que le premier, se différencie grâce à trois petites taches brunes. Le troisième, *Trivia pulex*, est une espèce méditerranéenne, petite (moins de 9 millimètres) et brune. Les deux premières espèces ont été considérées comme une seule jusqu'en 1925. (Les taches étant un critère de détermination peu fiable, on notera que la radula, les larves et l'organe copulateur sont différents.)

Sous le coquillage se trouve une fente qui permet à ce petit escargot de sortir de sa coquille. Lorsqu'il est actif dans l'eau, le manteau, couvert de petites papilles jaunes, recouvre presque entièrement la coquille de l'animal. Il se déplace sur son pied orange en palpant le terrain avec ses tentacules. Son siphon dressé à la manière d'une petite cheminée lui permet alors de respirer.

Vous trouverez ce drôle d'animal sur la partie basse des côtes rocheuses, accroché grâce à son pied, manteau rentré dans la coquille. Grâce à sa radula, le Grain de café se nourrit d'Ascidies composées (*Botryllus schlosseri* – voir p. 164 –, *Botrylloides leachi* et *Diplosoma listerianum*) ou d'Ascidies solitaires (*Ascidia conchilega*).

La reproduction a lieu au printemps ou à l'automne. Après l'accouplement avec un mâle, les femelles déposent à l'intérieur d'un petit trou qu'elles auront grignoté au milieu des Ascidies quelque trois cents à huit cents œufs dans une petite capsule en forme de flacon. Après quelques semaines, de petites larves en sortent. Elles sont dites véligères, c'est-à-dire qu'elles nagent grâce à un voile de deux lobes cillés qui leur permettent de capter les particules alimentaires. Elles mettent cinq à six mois pour atteindre le stade adulte.

Les coquilles vides échouées sur les plages sont souvent recherchées. Certains les considèrent comme porte-bonheur ! Des espèces exotiques plus grosses sont utilisées pour créer colliers et bracelets. Dans certains pays du monde, de gros Grains de café étaient autrefois utilisés comme monnaie.

Sur des ascidies coloniales, sans doute en train de s'en nourrir

Trivia arctica

Trivia monacha

Le Bigorneau (*Littorina littorea*)

De gauche à droite : Bigorneau des rochers, Littorine obtuse, Littorine bleue et Bigorneau

Mollusque gastéropode
Famille : Littorinidés
Distribution : mer du Nord, Manche, Atlantique et introduite en Méditerranée
Habitat : il apprécie l'humidité sous les algues, dans les crevasses des rochers ou sous les pierres. C'est une espèce commune de la partie haute du médiolittoral abritée ou semi battue des vagues.

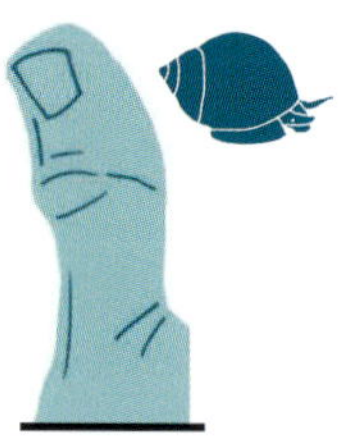

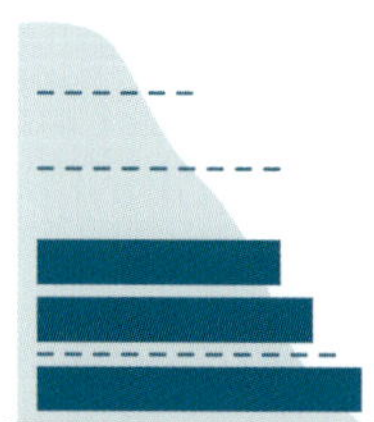

Le Bigorneau, de la famille des Littorinidés, est le plus connu et le plus consommé des Gastéropodes marins. Les Normands l'appellent le Vignot. On le déguste souvent à l'apéritif, après l'avoir ébouillanté. On l'extrait alors avec une aiguille, après avoir soulevé l'opercule qui obstrue sa coquille. Le Bigorneau a été introduit sur le littoral du continent américain (volontairement pour le consommer ou dans les ballasts des navires) probablement au XIXe siècle et depuis les années 1980 en Méditerranée.

Plusieurs espèces, riches de leurs propres caractéristiques, peuplent nos côtes. On retrouve des Littorines à tous les étages de l'estran (zone de balancement des marées). Ainsi, la minuscule Littorine bleue (*Melarhaphe neritoides* – 6 millimètres) peuple la zone des embruns où les très grandes marées viennent occasionnellement l'immerger. C'est lors de ces événements que la femelle, préalablement fécondée par le mâle, va libérer ses œufs. Un peu plus bas, au niveau des balanes (p. 54), on peut découvrir la Littorine rugueuse ou Bigorneau des rochers (*Littorina saxatilis* – 1,5 centimètre), dont la larve n'a pas de phase planctonique. Les femelles sont ovovivipares, ce qui signifie que les œufs incubent et éclosent dans leur poche incubatrice. De cette poche sortent des juvéniles rampants. Encore plus bas, au niveau des Algues brunes, on trouve la Littorine obtuse (*Littorina obtusata*) qui pond sur les algues, et le fameux Bigorneau, qui pond des capsules flottantes. Il est étonnant de constater la répartition des Littorines, liée à la résistance à la dessiccation et à l'évitement d'une concurrence directe.

Les Bigorneaux affectionnent les rivages rocheux, calmes ou semi battus par les vagues où ils vivent souvent en agrégats. Il faut les chercher sous les algues, sous les pierres, dans les mares et dans les recoins rocheux à l'abri du soleil. Ils se nourrissent surtout d'Algues vertes (*Enteromorpha*, *Ulva*) et de diatomées (algues unicellulaires). Les algues du genre des Fucus contiennent des polyphénols, véritables défenses chimiques qui inhibent leur consommation par les Bigorneaux ou autres. Il faut apprendre à le différencier du Monodonte (p. 98), appelé aussi Bigorneau des chiens, souvent ramassé par confusion. Dans le temps, les ostréiculteurs appréciaient le nettoyage des Huîtres « moussues » effectué par les Bigorneaux. Ils plaçaient alors de petites planches de bois fichées dans le sable, destinées à leur fournir un refuge. Ces abris à Bigorneaux ne servaient qu'un temps puisque arrivés à bonne taille, les Gastéropodes étaient cueillis facilement après leurs bons et loyaux services ! La reproduction a principalement lieu au printemps. Après accouplement, la femelle pond des capsules gélatineuses contenant un à cinq œufs qui flottent en mer. Après l'éclosion, les larves sont planctoniques quatre à six semaines avant de se fixer au substrat.

Bigorneaux acrobates

Gibbules de Pennant grignotant la sargasse

La Gibbule ombiliquée (*Gibbula umbilicalis*)

Mollusque gastéropode
Famille : Trochidés
Distribution : mer du Nord, Manche et Atlantique
Habitat : généralement dans les rochers et dans les cuvettes des endroits plutôt abrités des vagues et à partir de la zone haute de l'étage médiolittoral

Les gibbules appartiennent à la famille des Trochidés, très représentée sur nos côtes, dont l'apparence fait penser à des toupies. La Troque jujube (p. 100) et le Monodonte (p. 98) sont d'autres Trochidés présentés dans cet ouvrage. Le genre *Gibbula* (les gibbules) est lui-même illustré par de nombreuses espèces très communes sur notre littoral. Si leurs formes peuvent être très différentes, toutes ces espèces possèdent un opercule parfaitement circulaire.

Il n'est pas nécessaire d'attendre les jours de grandes marées pour observer des gibbules. En effet, comme les littorines (p. 94), les gibbules se répartissent dans plusieurs secteurs de la zone de balancement des marées et il y en a à tous les étages !

Les gibbules sont des phytophages qui passent leur temps sur les rochers à brouter des diatomées (des micro-algues unicellulaires) et des algues. Elles peuvent quelquefois s'aventurer sur des algues de plus grande envergure. Leur coquille est souvent très usée à son extrémité, sans doute le témoignage laissé par le ballottage dans le ressac. Lorsqu'elles sont actives, trois paires de tentacules sensoriels situés tout autour du pied appréhendent l'environnement.

Les Gibbules ombiliquées vivent six à huit ans, et sont matures sexuellement dans leur deuxième année. Les mâles et les femelles libèrent leurs gamètes dans l'eau, où se produit la fécondation. Les petites larves, d'abord planctoniques et véhiculées par les courants, peuvent être emmenées loin de leur zone de prédilection. Les juvéniles, qui eux sont rampants, auront loisir d'y revenir à leur rythme.

Pour ne citer que les plus communes et « par ordre d'apparition à l'estran », on trouve en premier lieu la Gibbule ombiliquée (*Gibbula umbilicalis*), dont le biotope se situe dans la partie haute de l'estran et qui supporte donc bien l'émersion. Elle se distingue par un profond trou (l'ombilic) sous et au centre de la coquille. La Gibbule de Pennant (*Gibbula pennanti*), sans doute la plus commune de toutes, vient ensuite. Elle ressemble beaucoup à la précédente mais les adultes n'ont pas d'ombilic, et elle vit au milieu de l'estran. Tout en bas se trouve la niche écologique de la Gibbule cendrée (*Gibbula cineraria*), petite et conique. Les motifs en lignes fines régulières sur sa coquille ressemblent à ceux des tissus de tweed anglais. Enfin, la Grande gibbule (*Gibbula magus*), la plus grosse, n'est visible qu'à l'occasion de grandes marées. Sur la côte méditerranéenne, on trouve communément encore bien d'autres espèces.

Gibbule de Pennant

Gibbule cendrée

Grande gibbule

Le Monodonte (*Phorcus lineatus*)

Ne pas confondre le Bigorneau (à gauche) avec le Monodonte (à droite)

Mollusque gastéropode
Famille : Trochidés
Distribution : Atlantique, Manche et remonte dans la mer du Nord
Habitat : dans les cuvettes et les anfractuosités de la zone médiolittorale supérieure

Le Monodonte vit sur les côtes rocheuses abritées ou peu exposées aux vagues, où il cohabite avec les gibbules (p. 96) et les Bigorneaux (p. 94). Le fait de partager l'apparence et l'habitat de ces derniers, très appréciés pour leur valeur gustative, lui vaut d'être couramment prélevé par confusion. Ceci explique qu'on l'appelle aussi Faux Bigorneau ou Bigorneau de chien. Plus ferme sous la dent, le Monodonte peut tranquillement peupler le haut du littoral sans être trop inquiété par les pêcheurs (sauf erreur sur la personne). Pour le différencier, il faut rechercher les zigzags rosés caractéristiques de son épaisse coquille et observer sa forme plus grande et plus large à la base que celle du vrai Bigorneau. Le sommet de sa coquille est très souvent érodé. Pour confirmer son identification, on pourra noter que l'entrée de sa coquille est nacrée, qu'il y a une petite dent (*mono* : une, et *donte* : dent, d'où son nom) et que son opercule est bien rond. Un œil averti saura très vite le reconnaître parmi les Bigorneaux !

Comme le vrai, le Faux Bigorneau pâture sur les rochers à la recherche de micro-algues, qu'il gratte avec sa radula (râpe) pour se nourrir. On l'observe en nombre, fréquemment le pied dans l'eau au bord des cuvettes d'eau laissées par la marée, il supporte bien le soleil. Il y est généralement en phase de repos puisqu'il se nourrit surtout à marée haute ou la nuit, comme la plupart des espèces. En Méditerranée, on trouve communément l'espèce *Phorcus turbinatus* (voir photo) appelée la Gibbule commune ou la Gibbule toupie, avec des zigzags plus marqués. Le Monodonte, les Gibbules (p. 96) et la Troque (p. 100) appartiennent tous à la famille des Trochidés.

C'est à la fin du printemps que débute la saison des amours qui se poursuit ensuite tout l'été. Les mâles et les femelles libèrent simultanément leurs gamètes dans l'immensité de la mer où a lieu la fécondation. Considéré comme « primitif », c'est un mode de reproduction plus aléatoire que celui des Gastéropodes qui pratiquent la fécondation interne et protègent leurs pontes dans des capsules. Après l'éclosion, les larves nagent quelques jours puis s'accrochent au substrat.

Le Monodonte est une espèce qui est scientifiquement suivie, principalement en ce qui concerne son aire de répartition, dans le cadre de l'étude du réchauffement climatique. Il a en effet récemment fait son apparition dans les eaux froides du nord-est de l'Écosse.

La bouche et sa radula

La Gibbule toupie (*Phorcus turbinatus*) peut être confondue en Méditerranée avec le Monodonte.

La Troque jujube (*Calliostoma zizyphinum*)

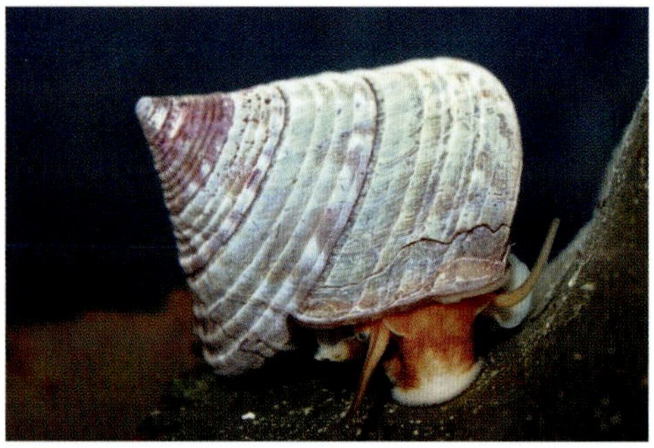

Mollusque gastéropode
Famille : Calliostomatidés
Distribution : mer du Nord, Manche, Atlantique et Méditerranée
Habitat : dans les roches, très souvent sur les tombants de l'étage infralittoral

À croire que ce joli coquillage conique adore l'escalade car c'est surtout sur les tombants rocheux et les surplombs que vous croiserez sa route. Il sera là à l'abri de la lumière et de la chaleur à attendre que la marée remonte, suspendu par le pied. Si, comme la Troque jujube, vous n'avez pas froid aux yeux, vous pourrez la trouver en mer jusqu'à 300 mètres de profondeur.

La Troque jujube aime se lustrer la coquille ! Caractéristique propre aux Mollusques, l'animal est très souple et le fait avec le pied. Une étude révèle qu'en moyenne elle étire son pied deux fois par jour pour le remonter sur la coquille en le frottant. Du mucus ainsi déposé favorise le piégeage de particules qui serviront de source de nourriture au prochain lustrage.

D'ordinaire violacée, la Troque jujube peut être rose pâle, jaunâtre ou même toute blanche. Ses deux petits yeux bleus sont surmontés de deux longs et fins tentacules qui l'aident à appréhender le milieu dans lequel elle se déplace. Tout autour du pied, huit tentacules plus fins lui servent d'organes sensoriels. En cas d'attaque, sa coquille, un magnifique cône d'une dizaine de tours sculpté de rainures en spirale, offre par son importante épaisseur un véritable bunker dans lequel elle se retire en fermant l'accès de son opercule.

Sans certitude, son nom scientifique *Calliostoma*, « plus belle ouverture » en grec, s'oppose à la caractéristique d'un autre genre. Les jujubiers (*Ziziphus* sp.) auraient prêté leur nom à cause d'une ressemblance avec la couleur de leurs fruits, et la troque, « roue » en grec, ferait référence à son bel opercule en spirale ou tout simplement à la forme de la coquille. Les anglophones l'appellent *Painted topshell*, la Troque peinte. Le Monodonte et la Gibbule appartiennent, comme la Troque jujube, à la famille des Trochidés.

Entre le printemps et l'été, les femelles pondent des petits chapelets de mucus contenant leurs œufs dans les algues. Une fois fécondées par un mâle et grâce à leur réserve de nourriture, les petites larves se développeront une dizaine de jours dans l'œuf pour ensuite partir faire leur vie sur les algues du quartier. Pour se nourrir, une râpe appelée radula sort de son court museau pour brouter les algues ou les éponges.

Ponte

Attirées par l'odeur, les Nasses convergent vers l'animal mort.

La Nasse réticulée
(*Nassarius reticulatus*)

Sa longue trompe va chercher la chair de la charogne.

Mollusque gastéropode
Famille : Nassariidés
Distribution : mer du Nord, Manche, Atlantique et Méditerranée
Habitat : sur les fonds sableux ou les rochers des endroits assez abrités des vagues et à partir de la zone moyenne de balancement des marées

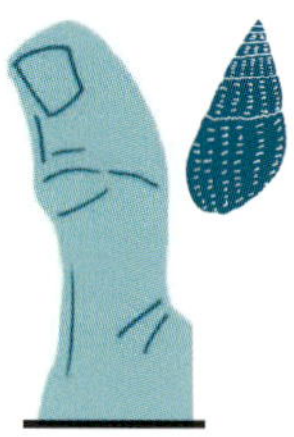

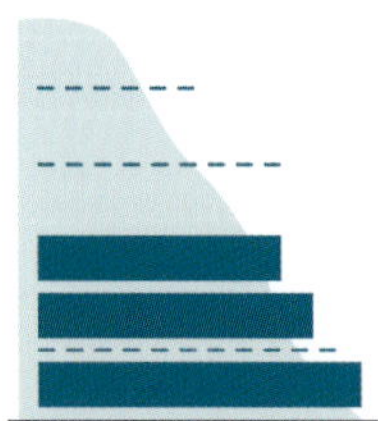

Le nom de ce petit coquillage vient de la forme mais surtout de l'aspect quadrillé de ses stries, qui rappelle les nasses en osier utilisées autrefois pour la pêche. La Nasse affectionne les zones abritées et sableuses ou sablo-vaseuses, mais on la trouve également en moindre quantité sous les pierres des endroits rocheux. C'est un animal de rivage qui ne descend pas en dessous de 15 mètres de profondeur.

D'autres espèces de Nasses fréquentent nos côtes. Très commune en Méditerranée, *Nassarius cuvieri* est plus petite. Petite également et fréquente en Méditerranée comme en Atlantique, la Nasse épaisse (*Nassarius incrassatus*) (voir photo) se rencontre souvent sous les rochers et à plus grande profondeur que la Nasse réticulée. Ces espèces jouent un rôle écologique très important puisqu'on peut dire que ce sont des éboueurs de la mer. La Nasse est adaptée pour repérer l'odeur d'un animal mort à grande distance.

À l'instar de celles d'un skieur dans la poudreuse, les traces des Nasses réticulées en quête de nourriture sont visibles sur les plages de sable lorsque la mer se retire. Elles progressent grâce à un pied couvert de minuscules cils qui leur permettent de foncer à vive allure (12 centimètres par minute !) sur ou sous le sable. Dans ce dernier cas, seule leur trompe, dotée de puissants chimiorécepteurs (cellules nerveuses qui détectent les substances chimiques), dépasse du substrat. Lorsqu'elle arrive sur la charogne, la Nasse dévagine sa longue trompe rose équipée d'une radula (râpe) appelée proboscis, pour en arracher la chair. On peut, selon la taille du cadavre, observer une impressionnante quantité de Nasses alertées par l'odeur en train de faire leur travail de nettoyeuses.

La Nasse réticulée est sexuellement mature vers l'âge de quatre ans et peut vivre une quinzaine d'années. Au printemps elle quitte ses quartiers d'hiver, plus profonds, et où elle s'est installée en automne, pour remonter près du rivage. La femelle préalablement fécondée par le mâle pond de petites urnes plates très caractéristiques contenant plusieurs dizaines d'œufs bien protégés. Elle choisit préférentiellement des Algues rouges ou des Zostères pour y déposer sa progéniture. Une femelle peut pondre plus de cinq mille œufs par an. Le taux de mortalité des larves est très élevé pendant leur phase planctonique et au cours de leur première année. Il y a en revanche peu de prédation sur les adultes. Il semblerait même que l'animal soit capable d'une pirouette avec sa coquille pour éviter de se faire engloutir par les étoiles de mer.

Œufs dans leurs petites urnes

Nasse épaisse

Ponte

Le Cormaillot
(*Ocenebra erinaceus*)

Une troisième reprise pour percer la coquille

Mollusque gastéropode
Famille : Muricidés
Distribution : mer du Nord, Manche, Atlantique et Méditerranée
Habitat : sous les pierres ou dans les interstices des rochers à partir de l'étage moyen du médiolittoral

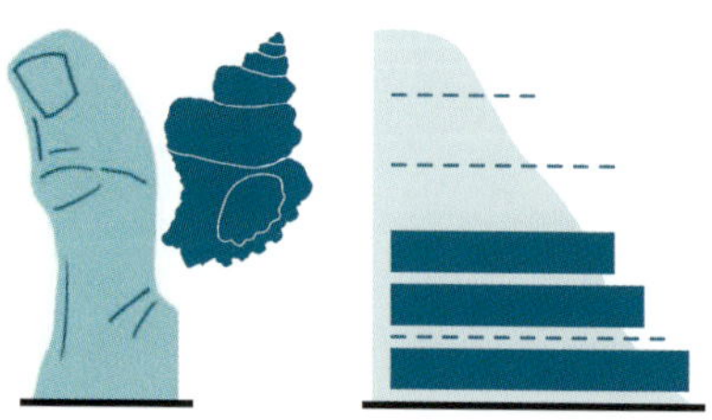

Malgré son air inoffensif, ce coquillage est un redoutable prédateur. Celui qui a ouvert des Huîtres ou autres bivalves s'imagine qu'ils vivent à l'abri de toute menace dans leur forteresse, mais il n'en est rien. Si les Étoiles de mer font usage de la force (voir p. 154), le Cormaillot (comme le Pourpre petite pierre ou le Murex) est un perceur. Il est en effet capable de ronger la coquille des Bivalves pour y percer un petit trou. C'est pourquoi le Cormaillot est aussi appelé Bigorneau perceur. Grâce aux mouvements de rotation de sa radula (râpe de petites dents qu'il déroule de sa bouche) et à l'aide d'un acide qu'il sécrète, il fore un trou d'à peine plus d'un millimètre de diamètre qui lui donne accès à la chair du bivalve dont il peut se repaître.

On trouve souvent le Cormaillot sous les rochers, un peu plus bas que le niveau moyen des marées. Comme beaucoup d'espèces, il a tendance à s'éloigner du littoral l'hiver et à descendre pour des milieux plus profonds. Au printemps les femelles fécondées pondent leurs œufs (environ dix-huit mille par femelle) dans d'étranges petites urnes losangiques jaunes, qu'elles accrochent à la roche. Les embryons s'y développent, puis le bouchon de mucus de l'urne est expulsé, libérant, trois à quatre mois après la ponte, des juvéniles rampants. Il semblerait qu'il puisse y avoir une phase planctonique, favorable à la dispersion, de trois à cinq jours à la sortie des urnes.

Le Cormaillot est le seul perceur capable, par ses attaques, d'infliger des pertes économiques importantes dans les parcs à huîtres. Il est devenu de ce fait la bête noire des ostréiculteurs. Des campagnes incitatives de récolte de Cormaillots ont été menées ; la destruction des pontes par le feu peut aussi être réalisée afin de réduire les populations. Jusqu'en 1995, une seule espèce de Cormaillot vivait sur nos côtes, mais depuis, un envahisseur de la mer du Japon a fait son apparition à Marennes-Oléron. Le Cormaillot japonais (*Ocenebra inornata*) pourrait avoir été introduit avec des Huîtres japonaises, comme d'autres espèces avant lui. Son taux de croissance et son potentiel de ponte sont plus importants que ceux de l'espèce native. Il semblerait que les jeunes qui sortent des urnes soient rampants (pas de phase planctonique), ce qui limiterait sa dispersion.

Le Cormaillot ne rechigne pas à s'attaquer à une Moule, mais aussi à une Coque, une Palourde ou une Praire si ces dernières font surface. Son travail est de longue haleine puisque, selon la victime choisie, il lui faudra 3 à 6 jours pour percer le bivalve et encore 3 ou 4 jours pour le déguster. De petites Huîtres à coquille plus fine seront de ce fait préférentiellement choisies.

En Méditerranée, on peut le confondre avec le Rocher fascié (*Hexaplex trunculus*), mais qui présente une taille plus importante et une coquille hérissée de petits tubercules.

Œufs dans leurs urnes

Nouvelle espèce sur nos côtes : le Cormaillot japonais (*Ocenebra inornata*)

Regroupement et ponte

Le Pourpre petite pierre (*Nucella lapillus*)

Jeune moule victime du Pourpre

Mollusque gastéropode
Famille : Muricidés
Distribution : mer du Nord, Manche et Atlantique
Habitat : souvent en rassemblement, on le voit dans les recoins des rochers ou dans les moulières de la zone médiolittorale moyenne.

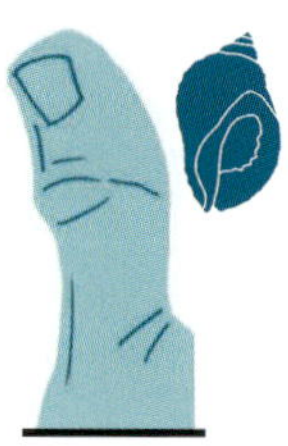

C'est une espèce très commune du littoral rocheux, présente dans les crevasses humides et sous les pierres. On les trouve en nombre au niveau des Balanes ou à proximité des Moules. Ils évitent les bancs de Moules trop denses qui peuvent les entraver avec leur byssus (filaments que la Moule fabrique pour se fixer). De mœurs très similaires à celles du Cormaillot (p. 104), le Pourpre petite pierre ne s'attaque néanmoins pas aux mêmes proies. Il raffole en effet de Moules, ce qui n'est pas apprécié des mytiliculteurs, et se régale de Balanes ou encore de Patelles. Un à deux jours lui sont nécessaires pour percer une Moule à l'aide d'un organe circulaire et de l'acide. Alors, sa radula (râpe de petites dents) s'enfile par l'orifice circulaire jusqu'à la chair de la proie et la digère grâce à de puissantes enzymes. Durant deux jours, il est exposé à la dessiccation et à ses prédateurs, les crabes et les oiseaux de bord de mer.

Sa coquille est épaisse, de couleur allant du blanc au brun en passant par le jaune, l'orange ou le gris, elle peut présenter des rayures ou se révéler immaculée, bref le Pourpre fait dans la diversité ! Plus les Pourpres sont exposés aux vagues, plus leur forme est allongée (aquadynamique), leur coquille est alors plus fine avec une ouverture large et un gros pied. Dans les endroits plus abrités, ils seront plus globuleux, la coquille plus épaisse et l'ouverture plus petite, ces caractères lui permettant une meilleure résistance à la dessiccation et aux attaques de crabes. Les oiseaux sont également des prédateurs qui peuvent les avaler tout entiers.

Le Pourpre petite pierre n'est pas un grand aventurier ; une étude avance qu'il resterait dans un périmètre de 30 mètres autour de son lieu de naissance. Il aime être au contact de ses congénères : ainsi les adultes sont souvent observés en groupes avant la période de reproduction. Les individus s'agrègent également en hiver, lorsque leur activité est réduite au minimum, sans doute réunis pour mieux résister aux assauts des vagues et du froid. Les pontes ont lieu principalement au printemps et en automne, après fécondation. La femelle fabrique une quinzaine de petites urnes (comme le Cormaillot, la Nasse ou encore le Bulot) jaunes et roses dans lesquelles elle dépose une centaine d'œufs. Seulement quinze à trente minuscules petits Pourpres en sortiront après deux à trois mois, le reste servant de nourriture aux jeunes larves qui se développent dans l'urne.

Comme le Cormaillot et soixante-dix autres espèces, le Pourpre est sensible aux composants des peintures antisalissures (antifouling) des bateaux. Il est utilisé comme bio-indicateur de pollution au tributylétain contenu dans ces peintures. Lorsque ces mollusques sont exposés à ce composé, des organes génitaux mâles se développent chez les femelles et les rendent stériles. Ce phénomène est appelé imposex.

En Bretagne, d'importants dépôts coquilliers témoignent de l'utilisation du Pourpre petite pierre en matière de teinture. Il semblerait que de la protohistoire jusqu'au Moyen Âge, des peaux, des fresques et des vêtements aient été teints grâce à une glande de ce coquillage.

Le Murex épineux (*Bolinus brandaris*)

Un autre perceur du littoral méditerranéen, le Rocher fascié (*Hexaplex trunculus*)

Mollusque gastéropode
Famille : Muricidés
Distribution : Méditerranée
Habitat : sur les fonds sableux de Méditerranée de l'infralittoral

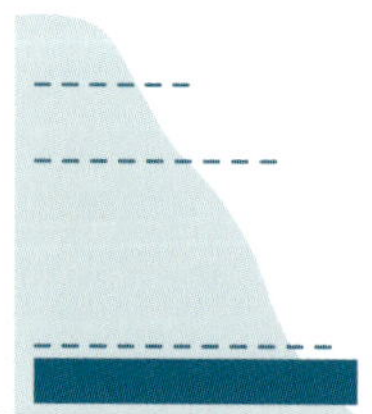

Le Murex épineux est une espèce méditerranéenne, comme son cousin le Rocher fascié (*Hexaplex trunculus*, voir photo). En Atlantique, on trouve le Cormaillot et le Pourpre petite pierre. Ces quatre espèces appartiennent à la famille des Muricidés et le terme Murex est largement utilisé pour les désigner. Ce sont tous des perceurs qui possèdent une glande produisant un colorant rouge violet appelé le pourpre. Ce pigment, remplacé depuis par un produit de synthèse, a longtemps été utilisé pour teinter les textiles. Sa pêche dans ce but a été si intensive qu'elle a parfois localement disparu au point d'être considérée comme une espèce menacée d'extinction. Aujourd'hui elle est surtout exploitée pour sa consommation, principalement en Espagne et en Italie.

On peut voir au musée du Prado à Madrid un tableau intitulé *La Découverte de la pourpre*. En effet, on raconte que le chien d'Hercule eut les lèvres teintées de la substance d'un Murex croqué sur la plage : ceci donna à Hercule l'idée de teindre de beaux vêtements pour séduire sa nymphe. La couleur rouge, qui est la couleur du sang, est chargée en signification : elle symbolise le pouvoir, la révolution ou encore le désir. Ce pigment intense et stable dans le temps a été très convoité au fil de l'histoire. On a retrouvé des dépôts de coquilles brisées de Murex près des teintureries de Tyr (dans l'actuel Liban) datant du IIe millénaire avant notre ère. Le pigment était obtenu grâce à la glande à mucus, appelée glande hypobranchiale. La coquille était cassée au niveau de cette glande. Le liquide transparent recueilli macérait et se teintait progressivement en jaune, puis vert, bleu, et enfin pourpre sous l'effet de la lumière. Laine et soie y étaient trempées après ébullition. Plus tard, la couleur pourpre des vêtements réservés aux cardinaux fut obtenue avec le rouge de cochenilles sud-américaines, elle l'est aujourd'hui grâce à des teintures synthétiques. La couleur produite par le Rocher fascié est plus violette que celle du Murex épineux. Selon certains scientifiques, le mucus de cette glande serait toxique et participerait à l'immobilisation des proies.

Le Murex épineux et le Rocher fascié sont des perceurs qui perforent la coquille de leurs proies à l'aide d'un organe circulaire et d'acides, puis digèrent la chair grâce à des enzymes. Le premier affectionne les fonds sableux et le second se plaît beaucoup dans les rochers. Le Rocher fascié est très commun sur le littoral méditerranéen et dans l'étang de Thau où il se nourrit des Huîtres en élevage. Au printemps, lors de la saison des amours, il a la particularité de former des « boules » de plusieurs individus, qui font le bonheur des pêcheurs en apnée. Suite à cette phase d'accouplement, les femelles pondent des amas d'œufs semblables à ceux du Bulot (p. 110), d'où sortent des minuscules petits rampants.

Dérangé, l'animal rentre dans sa coquille et ferme à l'aide de son opercule.

Ponte échouée sur une plage

Le Bulot (*Buccinum undatum*)

Ponte

Mollusque gastéropode
Famille : Buccinidés
Distribution : mer du Nord, Manche et Atlantique
Habitat : cette espèce se rencontre surtout lors des grandes marées d'hiver sur fond sableux ou dans les rochers, alors qu'elle se rappoche des côtes pour s'accoupler et pondre.

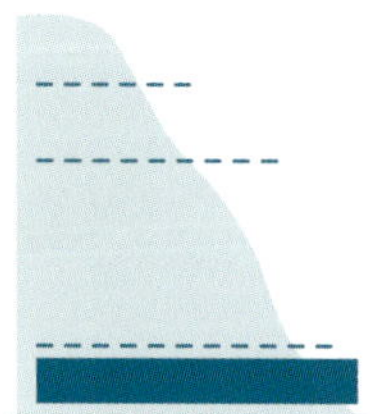

Cet escargot de mer qui vit sur les fonds sableux servait autrefois d'appât et était récolté par les pêcheurs partis à la morue sur les bancs de Terre-Neuve. Le développement du tourisme, combiné à l'augmentation des prix des crustacés, fait qu'il a depuis trouvé sa place sur nos plateaux de fruits de mer, pour ne plus les quitter. On le pêche à pied à l'occasion des grandes marées et surtout l'hiver lorsque les femelles se rapprochent du rivage pour pondre. Il faut le faire bouillir une bonne vingtaine de minutes avant de le consommer. Sortis de leur coquille, les mâles se reconnaissent à leur long pénis, bien visible. Ceci peut occasionner un sujet de conversation insolite lors d'un repas autour d'un bon plateau de fruits de mer…

Contrairement à ce que l'on dit souvent, il semble que le Bulot ne soit pas un perceur de coquillage. C'est pourtant bien par persévérance qu'il arrive à ses fins. En prédateur de vers ou de bivalves, il affectionne particulièrement les Coques et a une technique bien à lui pour les ouvrir. Il se met au contact de la coquille, attend patiemment que l'animal entrouvre ses valves pour prendre une bouffée d'oxygène, et en profite alors pour introduire la lèvre de sa coquille et bloquer la fermeture de celle de sa proie. Il n'a plus qu'à s'introduire ensuite par la fente pour la dévorer. Cependant, c'est surtout un charognard qui débarrasse la mer de ses cadavres. De nature paisible, le Bulot passe la plupart de son temps enfoui dans le sable, ne laissant dépasser que son siphon équipé de puissants organes sensoriels. Une odeur, même faible et lointaine, suffit pour le sortir de sa torpeur et le faire détaler… à la vitesse de 10 centimètres par minute, pour rejoindre d'autres camarades attirés eux aussi par l'odeur d'une charogne. C'est de cette manière qu'il se fait attraper par les bulotiers (les pêcheurs de Bulots), qui placent dans des casiers des morceaux de crabes ou de poissons pour les attirer.

Si pour la plupart des espèces la période de reproduction se situe au printemps, les Bulots font figure d'exception puisque c'est à la fin de l'automne que commence la saison des amours. Sous l'effet de phéromones, les Bulots se regroupent pour s'accoupler. Les femelles stockent les spermatozoïdes de plusieurs mâles avant de commencer à pondre quelques semaines plus tard. Elles ont tendance à se grouper et choisissent la paroi d'un rocher ou le pied d'une algue pour déposer leurs amas de deux mille à quinze mille capsules. Chacune contient de cinquante à deux mille œufs. La vie à l'intérieur de ces capsules est sans pitié : les plus fragiles serviront de nourriture aux plus forts. Au final, ne sortent que dix à vingt vainqueurs par capsule. Leur dispersion est faible car il n'y a pas de phase larvaire planctonique et que ce sont des juvéniles rampants qui quittent les capsules. Baptisées « savonnette de mer », les grappes de capsules échouées sont utilisées par les pêcheurs pour se laver les mains.

Éclosion

L'Escargot des dunes
(*Theba pisana*)

Escargots sur une fleur de Criste marine

Mollusque gastéropode
Famille : Hygromiidés
Distribution : mer du Nord, Manche, Atlantique et Méditerranée
Habitat : vit le plus féquement sur le littoral dans les milieux secs des dunes.

Non, ce mignon petit escargot n'est pas un Petit-Gris en vacances affublé d'un joli pull marin. L'Escargot des dunes, originaire de Méditerranée, se rencontre sur l'ensemble du littoral français (certaines populations s'avancent même un peu dans les terres). Montés sur des tourelles, ses petits yeux noirs ne sont pas très efficaces ; il compte plutôt sur les performances olfactives et tactiles de sa petite paire de tentacules pour se déplacer. Il est actif la nuit ou les jours de pluie. L'Escargot glisse sur une pellicule de bave (le mucus) qui laisse une trace de son passage. Il se nourrit de divers végétaux et son attirance pour le fenouil lui donnerait un petit goût qui flatte le palais de certains gourmets méditerranéens.

Pour un escargot, lorsque les rayons du soleil commencent à réchauffer ardemment le sable des dunes, la situation devient très critique. C'est alors que l'on voit fleurir, sur des tiges de la végétation, d'étranges grappes d'Escargots des dunes ! Privés d'humidité et poussés par la chaleur, ils se protègent en grimpant sur la végétation ou d'autres supports verticaux parfois inattendus. Serrés les uns contre les autres, ils se fixent et fabriquent un épiphragme : un bouchon de mucus et de calcaire qui durcit en séchant. Reclus dans leurs coquilles maintenant operculées, les Escargots protégés de la dessiccation entrent en estivation, une période de dormance.

Hermaphrodite simultané, l'Escargot des dunes produit à la fois des spermatozoïdes et des ovules. Il lui est cependant nécessaire de trouver un partenaire pour se reproduire. Avant l'accouplement, les Escargots se font longuement la cour à coups de dard d'amour… une lance calcaire qui transperce le partenaire ! (Chacun ses mœurs…) Environ 70 œufs sont ensuite pondus à quelques centimètres de profondeur dans le sol, et l'éclosion survient une vingtaine de jours plus tard.

Épiphragme (bouchon de mucus et calcaire)

La distribution de l'Escargot des dunes va bien au-delà de notre littoral. Caché sous une caisse ou collé à un véhicule, l'animal peut faire du chemin. C'est même une espèce invasive qui a colonisé l'Afrique du Sud (depuis 1881), l'Australie (1890) ou encore la Californie (1914), où elle fait d'énormes dégâts en défoliant les plantes cultivées et ornementales (pâturages, céréales, vignes, agrumes, etc.). Elle souille les récoltes et obstrue les machines agricoles. Des campagnes d'éradication ont été menées, mais l'animal sait se faire discret et se protéger. Appâts toxiques, introduction d'escargots prédateurs et même (en dernier recours) utilisation de lance-flammes en Californie ont été vains. Considérées comme éradiquées à plusieurs reprises, des populations resurgissent immanquablement. À l'inverse, en Italie, à Malte ou encore en Grèce, l'Escargot des dunes figure sur la liste rouge des espèces en voie de disparition. Sur notre littoral, l'espèce se porte bien !

Bivalves

Les Bivalves (ou Lamellibranches) sont des Mollusques filtreurs sans tête distincte qui vivent protégés dans une coquille articulée en deux parties ou valves. De nombreuses espèces vivent enfouies mais respirent et se nourrissent à l'aide de leurs siphons qui effleurent le substrat.

L'Amande de mer
(*Glycymeris glycymeris*)

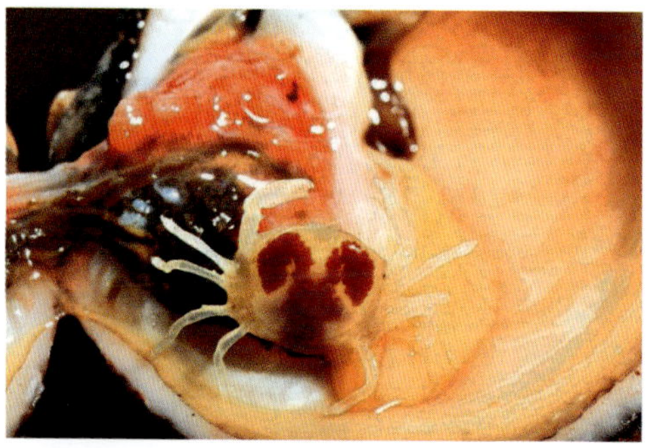

Pinnothère, un petit crabe parasite

Mollusque bivalve
Famille : Glycyméridés
Distribution : mer du Nord, Manche, Atlantique et Méditerranée
Habitat : enfouie dans certains bancs de sable à partir de l'étage médiolittoral où il arrive qu'on la trouve nombreuse.

Ce joli coquillage, relativement commun localement, est pourtant assez peu présent chez les poissonniers. Cette absence, qui n'a rien d'un oubli, et son prix très abordable nous renseignent sur le fait que l'Amande de mer n'est pas un coquillage recherché. Ce mépris se justifie par son goût très iodé et surtout son pied caoutchouteux. Elle est d'ailleurs aussi appelée « l'Huître du pauvre ». À défaut de délicieuses Praires, elle tente modestement de les remplacer sur les plateaux de fruits de mer. Elle peut se manger crue, mais beaucoup la préfèrent farcie et hachée. On la trouve sur tout le littoral français, y compris en Méditerranée où on l'appelle Voveau. Elle est surtout commercialisée depuis une vingtaine d'années et le golfe normando-breton est le haut lieu de sa production française.

L'Amande de mer fait dans la modestie. Comparée à d'autres Bivalves, elle respire peu, filtre moins d'eau et a une croissance particulièrement lente. Comme on dit : *« Chi va piano va sano »* (« Qui va doucement, va sûrement ») ! L'Amande de mer atteint sa taille commune de 5 à 6 centimètres en une dizaine d'années. Une étude en mer d'Irlande met en évidence une longévité d'une cinquantaine d'années. Les stries de croissance nous renseignent sur son âge et un individu de cent sept ans a été daté en mer d'Irlande. C'est ce caractère de longévité qui a motivé le choix de cette espèce comme indicateur de la perturbation des écosystèmes liée à la pêche à l'aide d'engins traînants.

Ce Bivalve prospère parfois en nombre important. Il affectionne le sable grossier et le gravier. Contrairement à la Praire qui trahit sa présence en crachant son eau, il n'est pas facile de repérer la discrète Amande enfouie à marée basse. L'animal change de sexe au cours de sa vie. On peut reconnaître les mâles des femelles en observant la couleur de la glande sexuelle (gonade), blanche chez les femelles et brun-rouge à rose chez les mâles. La reproduction a lieu toute l'année avec un pic en été et en automne.

Le coquillage, enfoncé grâce à son pied, se positionne souvent la face ventrale effleurant la surface du sédiment (charnière en bas). Dépourvu de siphon, il entrouvre ses valves pour filtrer l'eau qui entre et sort de part et d'autre grâce aux cils du manteau. Il se nourrit des particules en suspension captées par ses branchies. Les jeunes semblent enfouis plus profondément.

Sur l'estran à marée basse

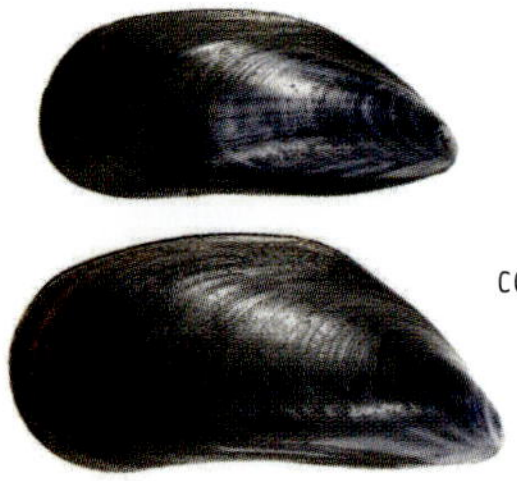

En haut, Moule commune (*Mytilus edulis*). En bas, Moule méditerranéenne (*Mytilus galloprovincialis*).

Bouchots et cordes à naissains

La Moule commune (*Mytilus edulis*)

Mollusque bivalve
Famille : Mytilidés
Distribution : mer du Nord, Manche, Atlantique et Méditerranée.
M. galloprovincialis : Méditerranée, puis cosmopolite.
Habitat : se fixe sur les rochers de préférence frappés par les vagues, dans la zone médiolittorale.

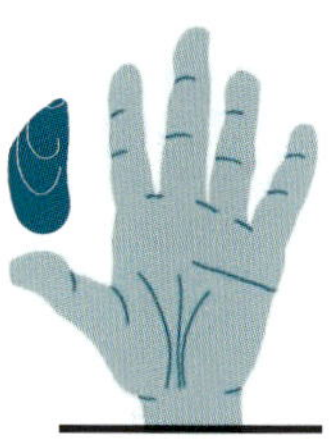

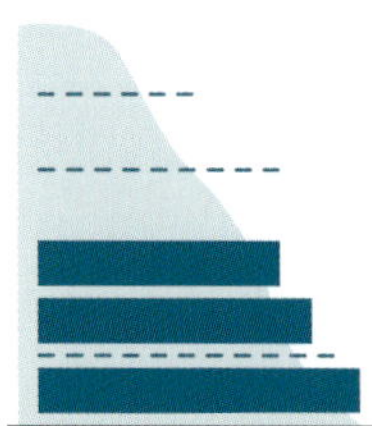

C'est principalement entre février et juillet que les Moules se reproduisent, en libérant leurs gamètes dans la mer. La fécondation a lieu dans l'eau, et les larves, d'abord planctoniques, se fixent au substrat au bout de trois à quatre semaines. C'est à ce moment-là que les mytiliculteurs (les éleveurs de Moules) disposent des cordes de coco dans la mer afin de capter les larves prêtes à se métamorphoser en minuscules Moules. Après le captage de ce naissain, les cordes sont enroulées sur des pieux de bois appelés bouchots. Cette technique d'élevage date du XIIIe siècle. La légende dit que c'est un Irlandais échoué en Charente qui, ayant tendu des filets pour capturer des oiseaux, remarqua que s'accumulaient des Moules sur ses cordages. Une technique, dite sur filière, consiste à laisser les cordes de captage en mer jusqu'à la récolte. La Moule atteint sa maturité sexuelle en un an et est récoltée pour être mangée dans sa deuxième année. Bon marché, 1,65 million de tonnes en sont consommées par an dans le monde (64 000 tonnes sont produites en France).

Pour se fixer au substrat (ou entre elles), la Moule s'entrouvre et étire son pied en tâtonnant jusqu'au rocher pour y accrocher des filaments appelés byssus (voir photo). Contrairement à l'Huître, elle peut se déplacer en rompant son byssus et se refixer ailleurs. Le byssus est en fait formé d'une substance protéique produite par une glande située à la base du pied, qui s'écoule dans le sillon du pied et durcit au contact de l'eau. Cette substance souple et particulièrement résistante est étudiée dans le cadre des recherches sur le biomimétisme (l'innovation qui s'inspire de la nature). Non toxique, elle pourrait être à l'origine d'applications médicales (collage, suture…).

Les Moules s'installent naturellement en colonies sur les côtes rocheuses exposées aux vagues. Le milieu de la zone de balancement des marées lui est favorable : pas trop haut pour être immergée au minimum les trois quarts du temps, et pas trop bas pour éviter les prédateurs perceurs (Pourpre et Cormaillots). Ses plus grands prédateurs sont toutefois les étoiles de mer, les crabes, les oiseaux… et les hommes. Les Moules sont en compétition pour la place et la nourriture avec les balanes, qui comme elles se nourrissent de plancton. L'eau, qui apporte nourriture et oxygène, rentre par l'extrémité de la Moule, est filtrée par les branchies et ressort par la boutonnière du manteau. Des palpes autour de la bouche dirigent la nourriture mêlée à du mucus. Il arrive que le Crabe petit pois (p. 78) fasse sa demeure d'une Moule pour profiter du gîte et du couvert.

Excellente filtreuse, elle capte les particules toxiques de l'eau et il est donc important lorsque l'on pêche des Moules de le faire dans des endroits non pollués. Prendre des individus de bonne taille et si possible sans balanes évite les longues séances de grattage. Pour les arracher au rocher où elles sont solidement arrimées, utiliser une vieille fourchette ou les tourner à la main pour casser le byssus. Il faut éviter la pêche des individus dans les zones de l'estran découvertes trop longtemps.

Moulière

Espèce méditerranéenne (*Pecten Jacobaeus*)

Pecten maximus

La Coquille Saint-Jacques (*Pecten maximus*)

Yeux et tentacules sensoriels

Mollusque bivalve
Famille : Pectinidés
Distribution : Manche, Atlantique et *Pecten jacobaeus* en Méditerranée.
Habitat : les gisements se trouvent sur fond sableux, mais il est devenu rare de trouver une Coquille Saint-Jacques à l'occasion d'une grande marée.

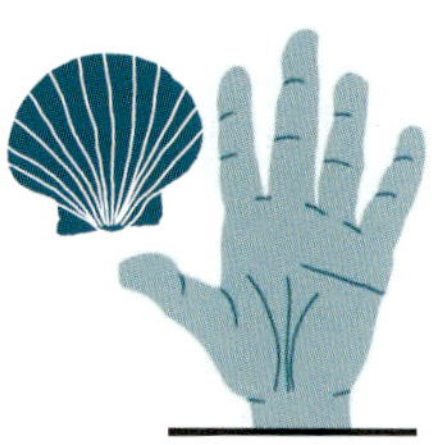

La Coquille Saint-Jacques est un gros coquillage fort apprécié pour la qualité gustative de son muscle adducteur (la noix) qui maintient ses deux valves fermées. Ces dernières, contrairement à la majorité des autres Bivalves, sont asymétriques. L'une, sur laquelle elle repose dans le sable, est très bombée, et l'autre, presque plane, recouverte de toutes sortes de « locataires » (algues, Crépidules, etc.) qui lui offrent un camouflage efficace.

Le temps où l'on allait ramasser les Coquilles découvertes lors des grandes marées est bien loin. Aujourd'hui, entendre une Coquille qui trahit sa présence en claquant des valves est devenu rare. Pour les déguster en brochette, il sera préférable de vous rendre chez le poissonnier pour acheter des Coquilles sauvages (il n'y a pas d'élevage), pêchées à une centaine de mètres de profondeur à l'aide d'une drague (large râteau surmonté d'un sac grillagé).

Contrairement au Pétoncle (un cousin de la famille bien plus petit : voir p. 122), la Coquille Saint-Jacques ne se fixe pas, elle vit posée sur les bancs de sable. Pour se déplacer, elle utilise l'hydropropulsion. La Coquille « claque du bec », laisse s'échapper l'eau au niveau de la charnière en fermant son manteau, et donne ainsi l'impression qu'elle avance en gobant l'eau. Cette natation saccadée se limite à la fuite.

Le long du manteau, entre les tentacules sensoriels, de petits yeux brillants sont capables de détecter la lumière et le mouvement. Ils lui permettent de s'orienter ou de déclencher sa fuite. Certaines étoiles de mer sont de forts prédateurs. Une expérience a montré que lorsqu'une Coquille détecte la présence d'une étoile, selon qu'il s'agit d'une espèce prédatrice ou non, elle choisira la fuite ou simplement la fermeture de ses valves en attendant que l'inoffensive étoile passe son chemin. Perspicace !

Ce coquillage est à la fois mâle et femelle (hermaphrodisme). En effet, il possède une glande sexuelle (gonade) qui, dans sa première partie (blanche), est un testicule et, dans sa dernière partie (orange), un ovaire. Mais puisque les deux parties ne sont pas matures simultanément, la fécondation des gamètes se fait à l'extérieur grâce à d'autres individus. La larve est d'abord planctonique avant de se métamorphoser et de gagner le substrat sur lequel elle se fixe. Elle s'en détache lorsqu'elle mesure 5 à 10 millimètres. Il lui faudra attendre environ deux ans pour qu'elle atteigne 10 centimètres et sa maturité.

Si elle reste encore aujourd'hui le symbole du pèlerinage de Saint-Jacques-de-Compostelle et porte le nom de l'apôtre, c'est parce que les pèlerins qui parcouraient le chemin vers la basilique avaient pour habitude de l'accrocher à leur manteau ou leur chapeau. Son nom scientifique, *Pecten* (peigne) *maximus* (très grand), évoque les côtes de ce coquillage, qui sont différentes (plus à angle droit) chez l'espèce de Méditerranée (*Pecten jacobaeus*).

Peigne operculé (*Aequipecten opercularis*)

Caché dans les failles des rochers

Le Pétoncle noir
(*Mimachlamys varia*)

Yeux et organes sensoriels

Mollusque bivalve
Famille : Pectinidés
Distribution : mer du Nord, Manche, Atlantique et Méditerranée
Habitat : dans les anfractuosités des rochers ou sous les blocs de roche de l'étage médiolittoral inférieur à infralittoral

Dans la famille des Pectinidés que l'on trouve sur le littoral, vous avez le grand : la Coquille Saint-Jacques (*Pecten maximus,* p. 120) ; le moyen, plus rare sur rivage : le Pétoncle blanc ou Vanneau (*Aequipecten opercularis*, voir photo) ; et le petit : le Pétoncle noir appelé aussi Olivette, Vanette ou encore Pichiline. Ce dernier a deux valves bombées et, au niveau de la charnière… une « oreille » coupée (asymétrie). On le reconnaît surtout à ses côtes ornées de petites écailles. Son nom scientifique fait référence à un manteau de draperie de la Grèce antique, la chlamyde, et à la couleur variable de la coquille : brune, orange, jaune…

Le Pétoncle n'apprécie pas d'être hors de l'eau trop longtemps, c'est pourquoi on ne le trouve sur le bas de l'estran qu'à l'occasion de grandes marées (et qu'une fois pêché il faut le consommer rapidement). On le déguste à la poêle juste passé au beurre, au four ou cru, mais que le pied. La taille minimale de pêche est de 4 centimètres (à vérifier auprès des Affaires maritimes ainsi que la quantité autorisée).

Le Pétoncle sait se faire discret et on passe souvent à côté sans le voir. En effet, sa coquille, généralement recouverte d'éponges ou de vase, lui offre un parfait camouflage. Cependant d'autres, surpris par l'arrivée du pêcheur, vont précipitamment refermer leurs valves, laisser gicler l'eau qu'ils contiennent, trahissant ainsi leur présence pour finir au fond du panier. La peur provoque le danger ! On trouve le Pétoncle souvent dans les failles des rochers ou sous les pierres. Il vit accroché grâce à de petites fibres appelées byssus, sécrétées par le Mollusque et qu'il peut rompre à tout moment pour changer de quartier ou vivre librement sur le sable.

Le Pétoncle se déplace, comme sa cousine la Coquille Saint-Jacques, par hydropropulsion, en claquant des valves, et il est capable de nager sur de bonnes distances. Il passe l'essentiel de son temps valves entrouvertes à filtrer l'eau à la recherche de plancton dont il se nourrit.

Le Pétoncle est hermaphrodite : d'abord mâle et ensuite femelle. Généralement, deux pontes s'effectuent, au printemps et à la fin de l'été. Il semblerait que les œufs fécondés restent dans le manteau de la femelle jusqu'à ce qu'ils se transforment en larves qui nagent quelques semaines avant de se fixer sur le substrat. Beaucoup de Pétoncles se feront manger par les crabes et poissons, mais les plus chanceux pourront vivre quatre ou cinq ans.

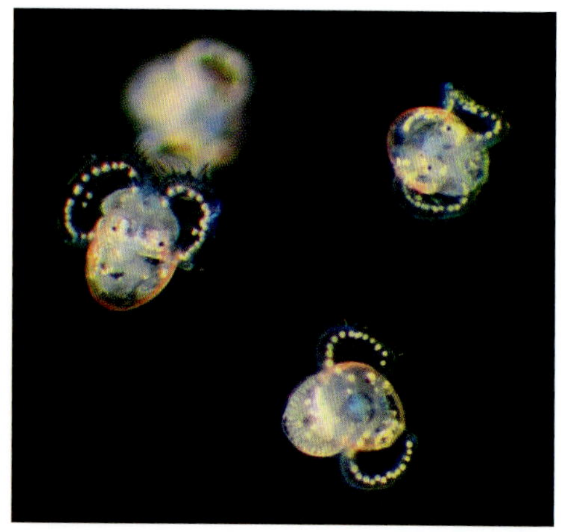

Larve véligère

Parques à huîtres

L'Huître plate (*Ostrea edulis*)
L'Huître creuse (*Crassostrea gigas*)

Mollusque bivalve
Famille : Ostréidés
Distribution : mer du Nord, Manche, Atlantique et Méditerranée
Habitat : dans les rochers plutôt abrités de la zone médiolittorale. L'Huître plate peut ne pas être fixée.

L'élevage de l'Huître est une longue histoire. Les hommes qui vivent sur le littoral en consomment depuis la nuit des temps.
Ce sont les Romains qui ont commencé à pratiquer l'ostréiculture. En Grèce antique, les coquilles d'Huître étaient utilisées pour voter et juger, le terme ostracisme (*ostra*, huître) est un vestige de cette pratique.
Une seule espèce est originaire de nos rivages, il s'agit de l'Huître plate (*Ostrea edulis*). Elle fait aujourd'hui figure d'exception sur les étals puisqu'elle ne représente que 1 à 2 % de notre production. Elle fut pourtant l'Huître dominante jusqu'en 1920. À cette date, un parasite protozoaire (*Bonamia ostrea*) décime les élevages. Dès lors, l'Huître portugaise (*Crassostrea angulata*), provenant d'un banc installé accidentellement dans l'estuaire de la Gironde, la remplace et devient l'espèce la plus commercialisée. En 1970, une autre épizootie s'abat sur les élevages, ne laissant aucune chance à cette espèce. C'est alors que l'Huître creuse (*Crassostrea gigas*), importée du Japon, fait son apparition. Aujourd'hui, la France en produit en moyenne 130 000 tonnes par an. Mais, depuis 2008, les Huîtres creuses subissent de grandes pertes (l'histoire se répéterait-elle ?). Il existe plusieurs raisons à cela, mais le virus OsHV-1 et les bactéries (*Vibrio* sp.) sont les principaux agents de ce déclin.
Les régions, dotées chacune de leurs spécificités, produisent des Huîtres à caractères gustatifs différents. En effet, l'Huître se nourrit de plancton, et c'est par exemple la Diatomée bleue (micro-algue) qui peuple les claires, bassins d'anciens marais salants de Marennes-Oléron, qui donne la couleur verte des Huîtres en affinage. L'Huître creuse colonise quelquefois l'estran rocheux. Pour les pêcher, on utilise un burin ou un piolet, mais il est très difficile de les arracher au rocher sans les casser. L'Huître plate est moins fréquente, mais on peut la trouver sur le sable lors des grandes marées ; elle peut aussi être fixée.
L'Huître alterne sa sexualité, elle est tantôt mâle, tantôt femelle (hermaphrodisme successif).
La reproduction a lieu en été : l'Huître est alors dite « laiteuse ». La fécondation de l'Huître plate est interne (dans la cavité du manteau) et externe chez l'Huître creuse (dans l'eau). Les larves à la dérive se fixent une vingtaine de jours plus tard. L'Huître, comme la plupart des animaux, est diploïde (deux jeux de chromosomes), mais des Huîtres triploïdes ont été créées en 2000. Ces Huîtres sont dans l'incapacité de se reproduire, et ne sont donc jamais laiteuses ; elles mettent toute leur énergie à grandir. Elles font fureur chez les ostréiculteurs, qui les vendent sous l'appellation d'Huître de quatre saisons. Elles atteignent leur taille marchande à deux, plus souvent à trois ans. La triploïdie résulte de l'intervention humaine qui a modifié le nombre de chromosomes de l'Huître ; une telle intervention n'est pas sans susciter des interrogations quant aux conséquences sur l'environnement marin.

Huître creuse sur l'estran

Huître creuse
(*Crassostrea gigas*)

Huître plate
(*Ostrea edulis*)

À la pêche à la coque

La Coque
(*Cerastoderma edule*)

Une espèce proche : la Bucarde (*Acanthocardia tuberculata*)

Mollusque bivalve
Famille : Cardiidés
Distribution : mer du Nord, Manche, Atlantique et plus rare Méditerranée
Habitat : dans les baies sableuses et les estuaires sur presque toute la zone de balancement des marées

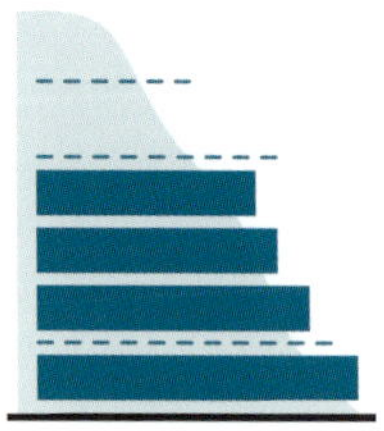

La Coque, appelée aussi Rigadelle, Rigadot, Sourdon ou Hénon, se plaît particulièrement dans les fonds sablo-vaseux des estuaires ou des baies sableuses, où elle s'enfouit peu profondément. Elle vit en colonies et, même si les effectifs ne sont plus ceux d'antan, la pêche peut néanmoins être fructueuse. Les Coques se pêchent en grattant le sable à la griffe à coquillage ou à vue en repérant leurs deux courts siphons qui effleurent le sable. Avant de passer en cuisine, il est indispensable de les faire dégorger leur sable dans de l'eau de mer, sous peine qu'il vienne gâcher votre succulent repas. Une autre solution consiste à les ouvrir à la casserole et à récupérer la chair (l'eau restante peut être filtrée). En sauce à la marinière, à la crème, juste poêlée au beurre ou encore en salade, la Coque est un mets délicieux.

La Coque se répartit de la Norvège au Sénégal. L'espèce qui vit en Méditerranée est *Cerastoderma glaucum*. Un gros coquillage appelé Bucarde langue rouge (*Acanthocardia tuberculata*) en est un proche cousin (famille des Cardiidés). Il impressionne par sa taille. Son nom vient de son étonnant pied rouge (qui n'est pas une langue) qu'il sort pour regagner le sable (voir photo). Assez coriace, il est consommé haché par certains. Il faut être attentif à la qualité de l'eau où vivent les coquillages que l'on ramasse car, comme tous les suspensivores qui filtrent le plancton en suspension dans l'eau, ils peuvent accumuler des éléments toxiques. C'est particulièrement important lorsqu'on les pêche près des estuaires ou dans les eaux soumises aux activités humaines.

Les Coques peuvent être l'hôte de Trématodes (des vers parasites) qui font un étonnant parcours… Des larves de Trématodes issues d'œufs contenus dans les excréments d'un vertébré (oiseau ou poisson selon l'espèce) parasitent d'abord un hôte provisoire primaire (gastéropode ou poisson selon l'espèce). Ces larves se multiplient et repartent à la mer pour parasiter la Coque, qui est à la fois leur provisoire hôte secondaire et la nourriture du vertébré. Lorsque la Coque est avalée, le parasite atteint son hôte définitif et le cycle recommence. Notons que les Coques parasitées n'affectent pas l'homme.

La Coque vit en moyenne deux à quatre ans, bien qu'elle puisse exceptionnellement atteindre une dizaine d'années si elle ne croise pas de Crabe, Huîtrier pie, maladie ou pêcheur. Sa taille minimale de capture (3 centimètres) correspond à des Coques de trois ans et plus. Pour préserver l'espèce, il est important de respecter ce critère, qui permet à l'animal de se reproduire avant de finir dans votre panier. On peut connaître son âge en comptant les stries plus foncées qui correspondent aux hivers. Elle est sexuellement mature à deux ans. Mâles et femelles émettent leurs nombreux gamètes dans l'eau, au printemps surtout et jusqu'à l'automne. Les œufs fécondés donnent des larves planctoniques qui évoluent dans l'eau peu de temps avant de se fixer au sable.

La Palourde croisée,
à gauche, est anguleuse.
La Palourde japonaise,
à droite, est plus épaisse.

Siphons d'une Palourde croisée

La Palourde croisée (*Ruditapes decussatus*)

Mollusque bivalve
Famille : Vénéridés
Distribution : mer du Nord, Manche, Atlantique et Méditerranée
Habitat : dans le sable des zones abritées des vagues et les eaux saumâtres, au niveau de la zone médiolittorale moyenne

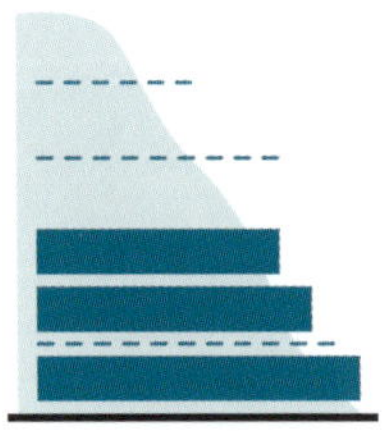

La récolte intensive des Palourdes date du début du XXe siècle. Dans les années 1970, la surpêche et le rendement incertain de la Palourde croisée ont poussé vers la vénériculture (culture de Palourdes) et à introduire en Europe une espèce d'une meilleure croissance : la Palourde japonaise (*Venerupis philippinarum*). Cette Palourde originaire du Pacifique peut supplanter parfois complètement l'espèce native, la Palourde croisée (appelée aussi par opposition « Palourde européenne »). Il semblerait que ces deux espèces s'hybrident. Les vénériculteurs récoltent les naissains dans la mer ou les élèvent en écloserie. Puis ils les font grandir (10 à 15 millimètres) avant de les transplanter dans le substrat du littoral, dans des parcs. De même que dans les parcs à Huîtres, l'exploitation intensive est victime des périodes épizootiques (épidémie qui frappe les animaux), comme la maladie de l'anneau brun due à une bactérie.

La Palourde vit sur les fonds meubles vaso-sableux ou sableux, enfouie à quelques centimètres de profondeur. Elle se nourrit de phytoplanctons et de matières organiques en suspension et respire en aspirant l'eau avec son siphon inhalant. Elle est gonochorique (il y a des mâles et des femelles). Les pontes s'effectuent de juin à septembre. Les gamètes sortent du siphon exhalant. La fécondation se fait dans l'eau et en moins d'un mois les larves se métamorphosent en minuscules Palourdes de 0,5 millimètre qui rejoignent le sol. Elles s'accrochent aux débris du substrat à l'aide de byssus (fil fabriqué par le coquillage), grandissent et s'enfouissent. Le Crabe vert (p. 76) est un très grand prédateur de petites Palourdes, et les oiseaux consomment aussi les adultes qu'ils peuvent casser en les lâchant en vol sur les rochers.

Les pêcheurs à pied pratiquent plusieurs méthodes pour récolter la Palourde. L'une consiste à gratter le sol à l'aide d'un trident au hasard. L'autre, plus ludique et plus respectueuse de l'environnement, réside dans la capacité à découvrir les trous laissés par les siphons de l'animal enfoui que l'on extrait du sable à l'aide d'une cuillère ou d'un couteau à Palourde. Demandez aux pêcheurs locaux qu'ils vous enseignent cette technique ! Il est important, pour maintenir les populations, de respecter les tailles minimales de pêche (en général 4 centimètres). On peut pêcher la Palourde dès les moyennes marées. Dans l'étang de Thau (le gisement naturel de Palourdes croisées le plus important), la pêche se pratiquait traditionnellement à l'aide d'une fourche et d'une caisse en verre pour voir le fond, allongé sur une petite embarcation. Elle se pratique maintenant uniquement par des professionnels plongeant en apnée (les bouteilles sont interdites).

C'est, à juste titre, un coquillage très recherché des gourmets. La Palourde se mange crue ou cuite, farcie ou encore sur des pâtes. La faire dégorger dans de l'eau de mer garantit un repas sans sable. La Palourde est un coquillage robuste qui peut être conservé au réfrigérateur quelques jours.

Cette palourde trop petite retournera à la mer.

Venus casina

La Praire commune (*Venus verrucosa*)

Pêche de la Praire

Mollusque bivalve
Famille : Vénéridés
Distribution : mer du Nord, Manche, Atlantique et Méditerranée
Habitat : vit dans le sable et le gravier grossier de l'étage médiolittoral inférieur.

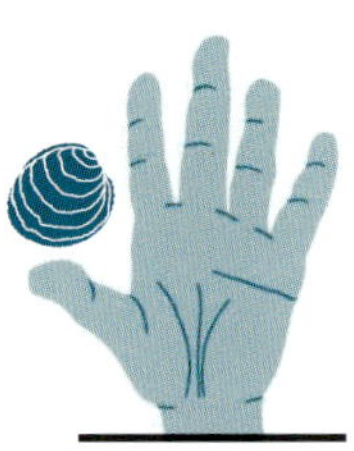

Dans une affaire de goût, chacun y va de sa personne mais si la Praire ne fait pas l'unanimité, beaucoup s'accordent à penser que c'est le meilleur coquillage que la marée nous offre à pêcher. C'est assurément l'un des meilleurs ! Et c'est à croire que l'animal le sait puisqu'il possède un atout très dissuasif qui le garde souvent à distance des plateaux de fruits de mer : l'épaisseur de sa coquille, à laquelle s'ajoute la ténacité dont il fait preuve à la garder bien fermée. Attendez-vous à batailler pour déguster l'animal ! Les plus patients posent le coquillage après l'avoir lavé et attendent que les valves s'entrouvrent pour y glisser au plus vite la lame d'un couteau. Mais le plus rapide et le plus efficace pour qui sait et a la force de le faire, est de mettre le coquillage dans la paume de sa main (charnières côté des doigts) et de passer en force la lame d'un bon couteau en cassant la charnière. Enfin, vous pourrez le déguster !

La pêche à la Praire est assez ludique mais il faut avoir l'œil. Pour éviter de gratter le sable à l'aveuglette et inutilement, ce qui au passage détruit les écosystèmes, elle se pratique « à la pique » (on dit aussi « à la pissette »). Le pêcheur avance lentement en piquant le sol d'une tige ou d'une fourche à deux dents, en attendant qu'un petit jet d'eau surgisse du sol. C'est la marque d'une Praire qui, surprise par les vibrations, va se refermer subitement. Le pêcheur, à l'aide de sa fourche, sort le coquillage enfoui peu profondément (2 à 10 centimètres). Et prospecte le secteur ! Car lorsqu'il y en a un, il y en a souvent plusieurs. Il est important de respecter la taille minimale de capture pour assurer la reproduction de l'espèce (4,3 centimètres, à vérifier dans votre secteur). Les Praires vendues sur le marché sont pêchées à la drague, non loin des côtes du golfe normand-breton. Elles se mangent crues ou cuites. Il faut les consommer rapidement après la pêche ; ce n'est pas un coquillage qui se conserve très longtemps.

La Praire vit préférentiellement dans le gravier ou le sable grossier. Elle filtre l'eau à l'aide de ses siphons, à la recherche de particules alimentaires. On peut trouver une espèce proche mais plus rare : *Venus casina* (voir photo) plus plate et sans verrue sur les cercles concentriques des deux valves.

Chez les Praires, les sexes sont séparés, il y a des mâles et des femelles. La reproduction s'effectue toute l'année, avec un pic plus important en été. La fécondation se produit dans l'eau après émission des œufs et des spermatozoïdes. La Praire atteint sa maturité sexuelle dans sa troisième année. Sa croissance est lente et la taille minimale de capture correspond à un coquillage de six ou sept ans. Elle peut vivre plus de vingt ans.

Le pêcheur pique le sol à l'affût des « pissettes » de Praire.

Pêche de la Telline

Le Flion tronqué (Telline) (*Donax trunculus*)

À gauche, la victime, et à droite, le prédateur : une Natice (perceur carnivore)

Mollusque bivalve
Famille : Donacidés
Distribution : Atlantique et Méditerranée
Habitat : apprécie les plages très exposées aux vagues. Les adultes se pêchent dans la zone médiolittorale inférieure.

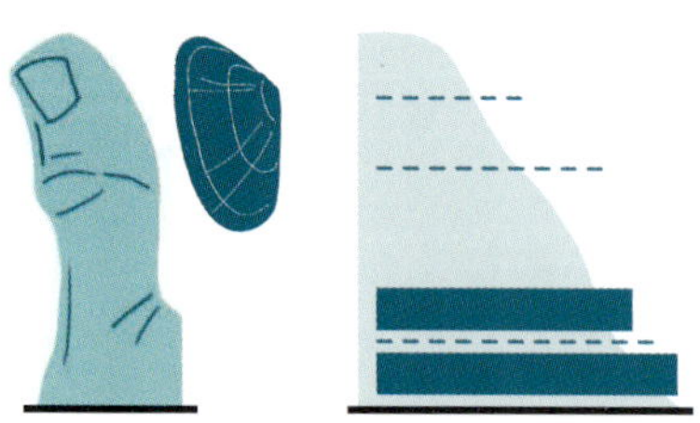

À la manière de petits papillons, ces jolis coquillages se trouvent échoués « ailes grandes ouvertes » sur les plages où ils vivent en nombre et font le bonheur des enfants. En effet, après sa mort, la Telline garde ses deux valves soudées et ouvertes grâce à une charnière placée côté extérieur. Il y a autant de régions où on peut la récolter que de noms donnés à la Telline. Ainsi, elle est appelée Louisette sur l'île d'Oléron, Pignon en Vendée, Lagagnon dans les Landes, Douceron en Normandie et Haricot de mer ou Olive dans le Nord. Par-delà les régions, c'est le nom de Telline qui est utilisé par les pêcheurs pour sa commercialisation. Il faut toutefois préciser que l'espèce la plus souvent pêchée et vendue sur les marchés est en fait une Donace (*Donax trunculus*) et non une Telline (*Tellina* sp.). Le nom vernaculaire de cette Donace est le « Flion tronqué » et c'est ce nom qui devrait être utilisé.

Les Flions ont deux siphons indépendants qu'ils peuvent allonger considérablement, à la manière d'une trompe, pour aspirer l'eau chargée de particules alimentaires à la surface du sable (dépositivore) ou en suspension dans l'eau (suspensivore). Leur reproduction s'effectue au printemps et en été. Le coquillage, déjà peu charnu, subit alors une forte perte de poids. Les larves sont d'abord pélagiques (flottent dans le courant) et au bout de quelques semaines gagnent le sable. Un joli coquillage globuleux, la Natice, est un prédateur perceur à l'instar du Cormaillot (p. 104). À la différence près qu'elle perce la coquille de ses proies enfouies dans le sable : les Flions et les Tellines en sont souvent victimes.

En Méditerranée, et notamment en Camargue, la pêche des Flions est traditionnelle. Pratique désormais interdite, les pêcheurs n'hésitaient pas à utiliser des échasses pour atteindre les gisements. Dans le Nord et en Bretagne, elle est pratiquée par les professionnels depuis les années 1980. Peu appéciées en France, les récoltes sont principalement expédiées en Espagne et en Italie où elles sont consommées sans modération. Depuis 2010, les populations bretonnes sont régulièrement victimes de maladie et de micro-algues toxiques. Ailleurs, c'est surtout l'érosion des plages, lorsqu'elle est trop brutale, qui affecte les gisements.

Les Flions fréquentent les plages de sable fin, en pente douce et bien oxygénées par les vagues. Pour remplir son panier, il faudra fouiller le sable à mains nues ou avec une petite griffe à trois dents. Les Flions ne s'enfouissent pas profondément et les plus grands individus se trouvent sur la partie basse de l'estran. La taille minimale de capture (2,5 centimètres) est à respecter. Les professionnels utilisent une drague sur roulettes, appelée tellinier, qu'ils tirent au harnais dans l'eau jusqu'à la taille. Il faut avoir les reins très solides ! Il faudra ensuite les faire dégorger dans l'eau de mer pour éliminer le sable, quelques heures pas plus car le coquillage est fragile. Puis cuisinés à la marinière, à la poêle en persillade ou juste au beurre sur des pâtes, vous apprécierez leur délicate chair au goût de noisette.

Le Couteau gaine
(*Solen marginatus*)

Siphons

Mollusque bivalve
Famille : Solénidés
Distribution : mer du Nord, Manche, Atlantique et Méditerranée
Habitat : dans le substrat sableux ou sablo-vaseux de l'étage infralittoral

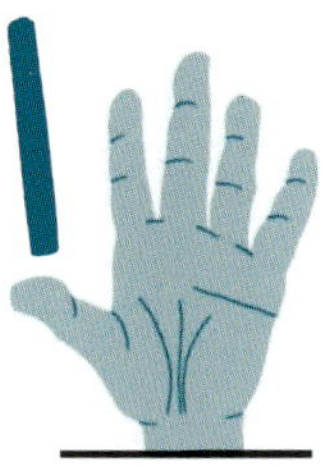

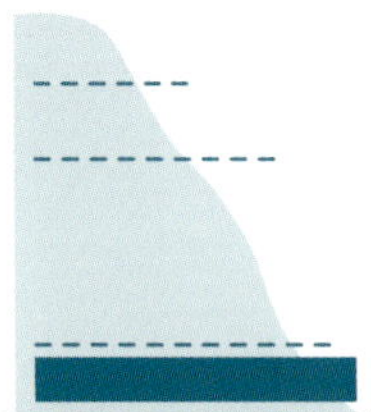

La pêche au Couteau, très amusante et « qui ne manque pas de sel », se pratique souvent en famille. À marée basse sur les plages de sable fin ou dans le sable vaseux, il vous faut déceler sa présence par le trou caractéristique qu'auront laissé ses siphons lorsque le coquillage, contraint par la mer qui se retire, s'enfouit sous le sable. Les deux siphons collés l'un à l'autre laissent un trou en forme de 8 qui ressemble à une petite serrure.

Profilé pour, le Couteau vit enfoui dans le sable (psammicole) à la verticale (ou dans une galerie courbe chez le Couteau arqué) et peut s'enfoncer à plusieurs dizaines de centimètres de profondeur. Il filtre l'eau pour se nourrir de plancton et sa croissance peut être de 2 à 4 centimètres par an. Ses deux valves qui s'entrouvrent et se referment l'aident à progresser dans sa galerie. Elles peuvent même lui permettre de se déplacer en nageant lorsqu'il est dans l'eau.

Pour garnir son panier, il faut donc être à l'affût de la petite trace en forme de serrure. Une fois repéré, vous pouvez saupoudrer allégrement le trou de sel (ajoutez un peu d'eau si le sel a du mal à se dissoudre). On entend souvent dire que le Couteau, sous l'effet du sel, « pense » que la marée remonte et quitte le sable. Il est plus probable que ce grand apport de sel l'indispose et le pousse à sortir de son trou. Ne tentez pas de l'attraper tout de suite, les anneaux des siphons vous resteraient entre les doigts (autotomie) pendant que le Couteau regagnerait rapidement le sable. Attendez plutôt de voir apparaître les deux valves du coquillage, puis saisissez-les fermement et tirez-le lentement pour ne pas arracher son pied qui à l'autre extrémité tente de résister. Il faut être rapide, pour ne pas le laisser repartir, et délicat à la fois. Observer un Couteau posé sur le sol se redresser à l'aide de son pied pour regagner le sable, est un spectacle étonnant. Une autre technique de pêche, dite « à la baleine », consiste à plonger une tige de fer pour remonter l'animal qui n'y survivra pas. Cette technique est toutefois la seule que l'on puisse pratiquer en plongée (en Méditerranée). Il est préférable de laisser les Couteaux dégorger quelques heures avant de les manger crus, mais ils sont encore meilleurs poêlés. La taille minimale de pêche est de 10 centimètres.

Le Couteau tient sont nom de sa ressemblance avec le manche d'un couteau, on l'appelle aussi Pied de couteau, Coutelet ou encore Rasoir. Le Couteau gaine (*Solen marginatus)* se reconnaît grâce à une rainure en creux à l'extrémité de la coquille (côté pied). Il existe d'autres espèces telles que le Couteau silique (*Ensis silica*) plus savoureux, dit-on, qui vit dans le sable « en banc » plus bas sur l'estran et qui se pêche surtout à la bêche. Le Couteau arqué (*Ensis arcuatus*), comme son nom l'indique, est courbe, il vit souvent dans du sable plus grossier et se fait supplanter en Manche depuis les années 1990 par une espèce invasive (*Ensis directus*) appelée Couteau américain.

Pour faire sortir le Couteau, le pêcheur met du sel dans le trou du siphon.

Couteau silique (*Ensis silica*)

Couteau gaine (*Solen marginatus*)

Barnea parva (à gauche)
et *Barnea candida*
(à droite)

On aperçoit les traces
des coquilles rugueuses
dans la pierre tendre.

La Pholade
(*Pholas dactylus*)

Seuls les siphons dépassent du trou.

Mollusque bivalve
Famille : Pholadidés
Distribution : manche, Atlantique et Méditerranée
Habitat : fore et vit abritée dans les roches calcaires, l'argile ou la tourbe, souvent en nombre, au niveau médiolittoral inférieur et infralittoral.

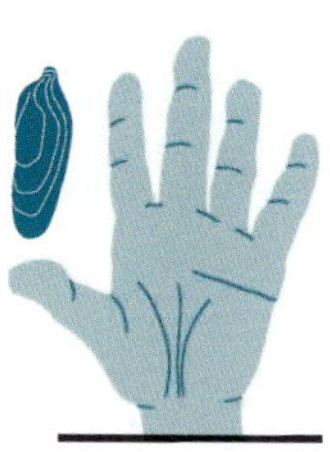

On ne sait pas si la Pholade vit heureuse, mais force est de constater qu'elle vit cachée. Cet étrange coquillage, dès la fin de sa vie larvaire planctonique qui se résume aux premiers jours de sa vie, entame une vie on ne peut plus sédentaire. Fixée dans un premier temps au substrat, elle commence par le forer dès que ses deux valves sont en mesure de le faire. La finesse de sa coquille laisse difficilement imaginer qu'elle soit aussi rugueuse et capable de percer de telles cavités dans des roches parfois assez dures. On trouve les Pholades dans l'argile, le calcaire, la tourbe fossile, ou encore le grès ou le gneiss. Plus elle grandit et plus elle fore profondément (jusqu'à une quinzaine de centimètres). Elle élargit sa loge au fur et à mesure que sa corpulence s'accroît et finalement devient prisonnière de la roche. Le forage est mécanique et on peut voir, dans les roches tendres, les marques laissées par les aspérités de la coquille (voir photo). En Méditerranée, on trouve communément la Datte de mer (*Lithophaga lithophaga*). Il s'agit d'un lithophage qui, comme son nom l'indique, *mange* la pierre grâce à un procédé chimique (précisons toutefois qu'il ne s'en nourrit pas !). Au contraire, la Pholade est un térébrant : elle *perfore* la roche.

La Pholade peut étendre ses siphons de plusieurs fois la longueur de sa coquille, ce qui lui permet de « quitter » l'étroitesse de sa cachette. Elle s'en sert pour respirer et capter les particules en suspension dans l'eau dont elle se nourrit. En forme d'ailes d'ange, ses valves ne sont pas hermétiques : elles bâillent toujours et laissent apparents les siphons à une extrémité, ainsi que le pied à l'autre extrémité. D'autre part, il n'y a pas de charnières qui maintiennent les valves : elles sont simplement tenues de part et d'autre de l'animal par les muscles. C'est une espèce dite gonochorique c'est-à-dire avec des mâles et des femelles. La reproduction s'effectue en été. Les œufs sont fécondés après leur libération, dans l'eau.

C'est un coquillage qui a été longtemps pêché pour la consommation. Dans le cadre de la conservation des espèces menacées il est désormais strictement protégé en Méditerranée. Sa pêche, nécessairement destructrice du milieu, est d'ailleurs partout en voie de raréfaction. Il est capable d'un phénomène bien étrange et énigmatique : la bioluminescence (lumière biologique). En effet, grâce à un procédé chimique, il peut émettre du mucus qui produit une lumière bleu-vert. Est-ce pour se défendre ou pour attirer le plancton dont il se nourrit ? La raison de ce phénomène reste encore à élucider… Pline avait joliment écrit : « Excellente à manger ; dans l'obscurité, elle illumine la bouche du gourmet, d'où tombent des gouttes lumineuses. »

Céphalopode, An

Les Mollusques Céphalopodes sont les pieuvres, les seiches et les calmars. Ce terme, qui vient du grec, signifie que leur tête est entourée du pied (divisé en tentacules). Leur bouche possède deux mâchoires coupantes en forme de bec de perroquet. Les Céphalopodes ont la particularité d'avoir des cellules pigmentaires qui leur permettent de changer de couleur.

Les Annélides sont les vers divisés en segments (annelés). Ils sont classés selon leur nombre de « poils », nommés soies. Les Polychètes sont des annélides marins avec de nombreuses soies. Solitaires ou grégaires, ils peuvent vivre dans des galeries, dans des tubes qu'ils sécrètent, ou encore être errants.

nélides

Embryon de seiche sous la « peau du raisin »

Raisin de mer (œufs de seiche)

La Seiche
(*Sepia officinalis*)

Céphalopode
Famille : Sépiidés
Distribution : mer du Nord, Manche, Atlantique et Méditerranée
Habitat : l'os se trouve dans les laisses de mer surtout après la période de reproduction. On peut voir de petites Seiches dans les herbiers et sur les fonds sableux lors des grandes marées.

Appelé sépion, l'os de Seiche est en fait sa coquille interne. Très légère car remplie d'air, elle permet à l'animal d'ajuster sa flottabilité. L'apparition soudaine et massive des sépions sur les plages à la belle saison provient d'épisodes de mortalité quasi simultanée survenant chez les adultes après l'accouplement pour les mâles et peu après la ponte pour les femelles. Se reproduire et mourir, tel pourrait être la devise de la Seiche. Après une croissance très rapide de un à deux ans, les adultes atteignent leur maturité sexuelle. Lors de la reproduction, les individus se positionnent tête contre tête et le mâle va utiliser son organe copulateur (un bras dénué de ventouse transformé pour la reproduction et appelé hectocotyle) pour recueillir ses spermatozoïdes qu'il introduira dans l'orifice génital de la femelle. Celle-ci pondra ensuite ses œufs de couleur noire en paquets créant de véritables grappes fixées aux herbiers ou aux algues et appelées « raisins de mer ».
L'ondulation de sa nageoire formant une sorte de collerette tout autour de son corps, va lui permettre de se mouvoir. En cas de danger, la Seiche est capable de se propulser très rapidement vers l'arrière. Pour ce faire, elle contracte une poche et éjecte de l'eau par un siphon en forme d'entonnoir situé sous le ventre. Afin de masquer sa fuite, elle peut produire un épais nuage d'encre stockée dans une glande dont le canal débouche vers l'extérieur à proximité de l'anus. À l'instar du caméléon, elle est championne du mimétisme, sa coloration peut se modifier en une fraction de seconde grâce à la contraction ou la dilatation de cellules pigmentées sous la peau, les chromatophores.
La Margate (ou Morgat en Bretagne) est un redoutable prédateur. Ses deux gros yeux, qui ressemblent à ceux des vertébrés, lui permettent de repérer poissons, mollusques, crabes ou autres crustacés. Les proies sont saisies par les deux bras préhenseurs de taille supérieure aux huit autres. Quinze millisecondes, c'est le temps dont dispose la proie pour esquiver une attaque. Une fois attrapée, celle-ci est maintenue par les ventouses dont sont pourvus les tentacules puis broyée par le bec puissant du prédateur.
Les Céphalopodes (Mollusques dont le pied [pode] divisé en bras entoure la tête [céphalo]), et notamment la Seiche, sont considérés comme possédant le système nerveux le plus sophistiqué de tous les invertébrés, qui leur confère des aptitudes comportementales comparables à celles observées chez les vertébrés. Ils sont ainsi capables d'apprentissage par observation associé à d'excellentes facultés de mémorisation spatiale. Lors de tests en laboratoire, ils peuvent réduire leur trajet dans un labyrinthe en mémorisant le parcours le plus court ou modifier leur préférence alimentaire en fonction de leur expérience passée. Ces processus de mémorisation se mettent en place chez la Seiche dès son plus jeune âge.

Bouche

Perinereis cultrifera, une autre espèce

Dévorée par une crevette

La Néréide commune (*Hediste diversicolor*)

Annélide polychète
Famille : Néréididés
Distribution : mer du Nord, Manche, Atlantique et Méditerranée
Habitat : vit dans les sédiments sableux ou vaseux de l'étage médiolittoral. Il affectionne également les estuaires.

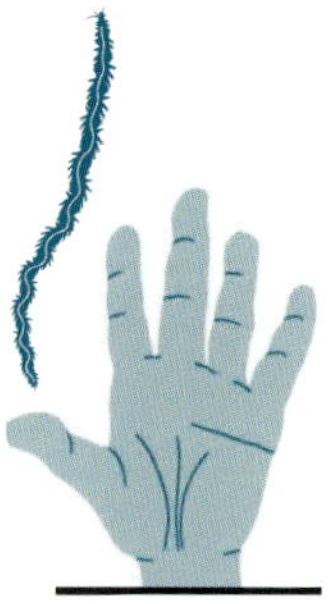

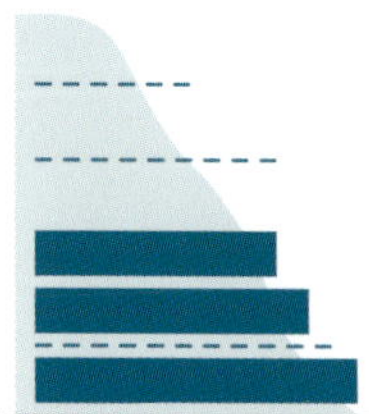

Malgré leur corps mou, les vers ne sont pas des Mollusques mais des Annélides ; animaux vermiformes constitués de nombreux anneaux, appelés métamères. Ainsi, nos vers de terre sont des vers oligochètes (ils ont très peu de soies sur leurs métamères) et les Néréides sont des vers polychètes (nombreuses soies). Ces vers marins ressemblent à des mille-pattes. Le long de leur corps de 5 à 10 centimètres, de la tête au dernier segment, quatre-vingt-dix à cent vingt métamères identiques se succèdent. Cette répétition à l'identique leur assure de survivre à la perte accidentelle de segments. Les Néréides nagent ou rampent sur le sédiment grâce à tous ces métamères équipés d'appendices natatoires et de soies qui, joliment coordonnés en ondulation, assurent une efficace locomotion.

La Néréide commune, également appelée Néréis multicolore, est connue des pêcheurs sous le nom de Gravette ou encore Pelouse. Elle affectionne les milieux sableux et vaseux, où elle creuse des galeries. Résistante, elle ne craint pas les variations de salinité et fréquente d'ailleurs très souvent les estuaires. Pour explorer son environnement, sa tête porte des tentacules et quatre petits yeux. Elle est prédatrice, se nourrissant de petits mollusques ou crustacés qu'elle attrape avec sa paire de mâchoires noires rétractiles, sorties pour l'occasion. Elle filtre également l'eau pour se nourrir.

La période de reproduction est amorcée par le changement de température au printemps et les phases lunaires. Lors des marées hautes, le mâle, sans doute attiré par des phéromones, se rapproche de l'orifice des galeries des femelles puis il libère ses spermatozoïdes. Aspirés par le courant de la galerie, les spermatozoïdes vont féconder les ovocytes que la femelle a elle aussi libérés, et qui sont collés contre la paroi de son terrier. Les larves se développent à l'intérieur de la galerie, qu'elles quitteront lorsqu'elles auront déjà plusieurs métamères formés. Les adultes meurent après la période de reproduction. Les Néréides qui se risquent à l'extérieur de leur galerie peuvent finir dévorées par une crevette ou un poisson. À marée basse, elles font le repas des oiseaux limicoles.

La Néréide joue un rôle écologique important par son activité de bioturbation (répartition des éléments nutritifs et chimiques dans l'écosystème) et d'oxygénation des sédiments marins, qu'elle assure grâce à une impressionnante capacité de pompage de l'eau. La densité de population est de l'ordre de mille, mais peut atteindre dix mille individus au mètre carré. La Néréide commune fait l'objet d'études afin de rentabiliser son élevage. Elle est en effet déjà commercialisée comme appât pour les pêcheurs et a un rôle influent en aquaculture puisque c'est un aliment qui stimule la maturation des gonades et les pontes en écloserie.

Le pêcheur à la ligne doit d'abord trouver des vers.

L'Arénicole (*Arenicola marina*)

Branchies

Annélide polychète
Famille : Arénicolidés
Distribution : mer du Nord, Manche, Atlantique et Méditerranée
Habitat : ce gros ver creuse un terrier au niveau inférieur de la zone médiolittorale des plages et des estuaires.

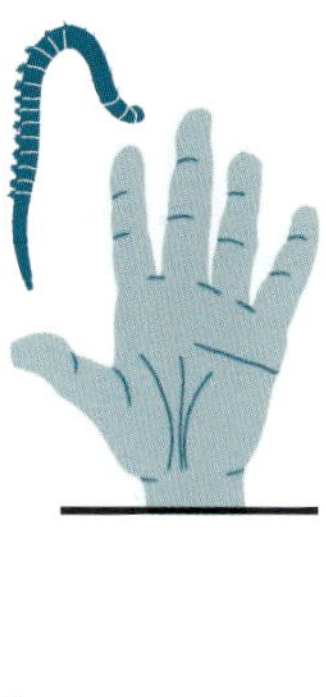

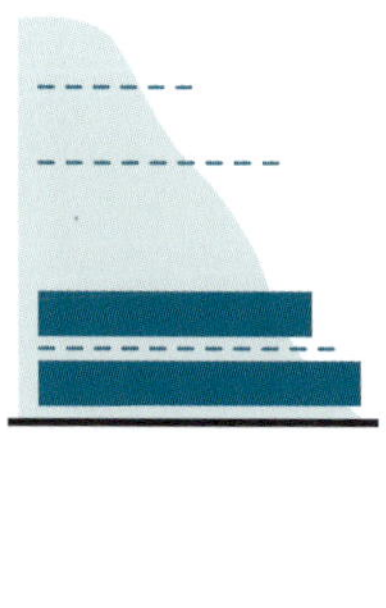

Mais qui peut bien être à l'origine de ces tortillons laissés sur les plages ? Un ver ! Et pas n'importe lequel puisqu'il pourra peut-être sauver des vies. En premier lieu, il fait l'objet de recherche active… par les pêcheurs à la ligne. Équipés de bêches, ces derniers retournent le sable à marée basse pour trouver leur appât. L'Arénicole affectionne les plages de sable fin abritées des vagues et les estuaires. Appelée Ver de vase, Bocard ou Buzuc, elle regroupe en fait deux espèces distinctes : la plus commune, *Arenicola marina,* mais aussi *Arenicola defodiens* qui est plus grande (jusqu'à 30 centimètres), vit plus bas sur l'estran exposé aux vagues, s'enfouit plus profondément, et peut être nommée Ver noir.

L'Arénicole vit dans un terrier en J, consolidé à l'aide de mucus. Elle se positionne sur le fond du terrier où elle crée, par ses ondulations, un courant qui lui apporte l'oxygène. Sa queue remonte dans le tube d'où sortent ses excréments de sable en tortillons. À l'autre extrémité, l'Arénicole mange le sable (espèce psammivore) qui contient la microfaune et la microflore ainsi que les détritus organiques qui tombent dans la dépression en forme d'entonnoir de la partie antérieure du terrier. L'activité se déroule par cycles réguliers et avec une grande ponctualité : ventilation, alimentation ou repos, rejet de sable. Il arrive que la queue qui remonte vers la surface soit attrapée par un oiseau limicole ou un poisson plat. Le prédateur devra s'en contenter et il est probable qu'elle repousse. La tête est munie d'une trompe globuleuse couverte de nombreuses papilles. La partie longue du corps correspond à l'abdomen. Il porte treize paires de branchies ramifiées et se termine par la queue, partie plus étroite portant à son extrémité l'anus.

Le pic de reproduction, synchronisée par des phéromones, a lieu en automne à l'occasion de grandes marées et pendant la basse mer. Les mâles projettent leurs spermatozoïdes en dehors de leur terrier. À marée montante, ces gamètes mâles sont entraînés par les vagues jusqu'aux terriers des femelles où les œufs les attendent. Les larves se développent dans les terriers maternels avant de devenir de jeunes Arénicoles qui iront faire leur propre trou !

Malgré des appels réguliers aux dons, les centres hospitaliers manquent affreusement de sang. Mais nous avons peut-être de la veine, puisqu'une équipe de chercheurs de Roscoff en Bretagne a découvert que l'hémoglobine du sang des Arénicoles pourrait nous secourir. En effet, son hémoglobine est extracellulaire, c'est-à-dire pas « coincée » à l'intérieur de globules rouges. Elle n'est pas typée par des groupes ou rhésus, ce qui limite les réactions immunitaires. Elle est très grosse (50 fois la taille de l'hémoglobine humaine), prévenant sa filtration par les reins, et est plus efficace pour capter l'oxygène. L'hémoglobine d'Arénicole, qui coule déjà dans les veines de souris, sera sans doute à l'origine de globules rouges de substitution et favorisera la conservation d'organes transplantés.

Le ver vit dans une galerie entre l'entonnoir et le tortillon.

L'Hermelle
(*Sabellaria alveolata*)

Le ver dans son tube

Annélide polychète sédentaire
Famille : Sabellariidés
Distribution : mer du Nord, Manche, Atlantique et Méditerranée
Habitat : les Hermelles se fixent sur une surface solide en milieu sableux du médiolittoral.

Ce petit ver marin long de 4 centimètres seulement est un véritable architecte urbain de notre littoral. En effet, l'Hermelle possède de petits tentacules qui captent les grains de sable en mouvement dans les vagues. Ces derniers sont sectionnés puis scellés à l'aide d'un ciment biologique sécrété par l'animal dans le but de construire le tube qui l'abritera. Sorti de ce tube, le ver est condamné à mourir. Au sommet de sa tête, une couronne de soies forme un opercule qui obstrue le tube et assure une protection à marée basse ou lors des phases de repos. Sur la partie dorsale se situent les paires de branchies et, à l'extrémité de l'animal, un tube rectal remonte le long du corps pour faciliter l'évacuation des matières fécales. Ce petit ver se nourrit de plancton en filtrant l'eau de mer.

Si la reproduction de l'espèce a lieu toute l'année, c'est principalement au printemps et en été que les vers expulsent leurs gamètes dans la mer, où se produit la fécondation, donnant d'énormes quantités de petites larves, qui constituent le plancton, et qui seront consommées en grande partie par les prédateurs. Après quelques semaines de vie planctonique, les plus chanceuses d'entre elles iront se fixer et grossir les récifs, attirées par des signaux chimiques émis par les adultes. Si l'âge de certaines Hermelles a été estimé à dix ans, leur durée de vie moyenne est de cinq ans. C'est tout au long de sa vie d'adulte qu'elle construit son tube, qui peut atteindre 50 centimètres de long.

On trouve ces bio-constructions dans les endroits où le sable est fortement agité par la houle. Il peut s'agir des rochers qui bordent les plages, au niveau des fucus (p. 34) où elles vont créer un « placage » peu épais de tubes qui recouvre la roche. Elles peuvent aussi se rencontrer en récifs dans les endroits meubles. Les jeunes Hermelles vont d'abord se fixer sur un support modeste, comme une coquille d'Huître, puis vont former des « boules » s'élevant du sol qui peuvent ensuite former elles-mêmes des platiers. Véritables Habitations à Loyer Modéré, ces récifs abritent entre quinze mille et soixante mille individus au mètre carré !

En baie du Mont-Saint-Michel, les naturalistes, déjà comblés par la vue de l'édifice, partent à marée basse, accompagnés d'un guide, à la découverte d'autres fabuleuses constructions : les bancs d'Hermelles. Ce sont les plus grands récifs d'Hermelles d'Europe (plus de 250 hectares). Ces îlots se dressant au milieu des vastes étendues de sable et de vase sont de véritables réservoirs de biodiversité. Dépendante du fonctionnement du récif, une vie insoupçonnée et foisonnante s'y organise, où crabes, crevettes, ou encore poissons semblent apprécier la cité ! Ces récifs attirent de nombreux visiteurs et pêcheurs à pied, mais il est très important de préserver ces curieuses et riches constructions. Édifices très fragiles, il faut prendre garde de ne pas marcher dessus et éviter de détruire les petits récifs en construction, véritables promesses d'avenir pour cette espèce emblématique.

Le ver capte sa nourriture grâce à ses tentacules.

La Sabelle
(*Sabella pavonina*)

Annélide polychète sédentaire
Famille : Sabellidés
Distribution : mer du Nord, Manche, Atlantique et Méditerranée
Habitat : vit dans le sable ou la vase, souvent dans les herbiers au niveau de l'étage infralittoral.

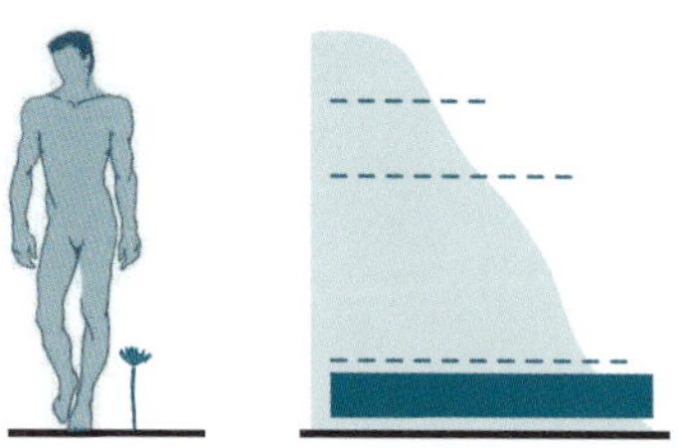

La Sabelle est un ver Polychète (qui porte de nombreuses soies) sédentaire, elle vit dans un tube qu'elle ne quitte jamais. À marée basse, on peut voir cet étrange tube creux, souple et gris dépasser d'une dizaine de centimètres du sable. C'est l'indice de la présence d'une Sabelle qui attend que la marée remonte pour déployer son superbe panache multicolore. On ne peut donc découvrir la beauté de ce ver marin que lorsqu'il est immergé ou qu'il est installé dans une cuvette d'eau laissée par la marée. Il est fréquent dans les herbiers de Zostère ou de Posidonie (p. 26).

Le magnifique panache branchial de la Sabelle est composé d'une centaine de tentacules plumeux séparés en deux lobes semi-circulaires. Il est nécessaire au ver pour respirer, mais aussi pour se nourrir. Il capte dans ses cils le plancton et la matière organique brassés par les courants, qu'il achemine jusqu'à la bouche. Le tube gris est construit petit à petit grâce aux particules de vase captées et cimentées à l'aide de mucus. Le ver est enfoui verticalement de ses deux tiers environ dans le sable.

La reproduction se fait au printemps. Si le tube est un gage de protection face aux prédateurs, il entraîne une sédentarité qui entrave leur reproduction. Les Sabelles qui vivent les unes près des autres auront sans doute plus de succès. Il semblerait que la fécondation s'accomplisse dans le tube de la femelle. Elle garderait ses ovules recouverts de mucus dans l'attente de capter les spermatozoïdes libérés dans l'eau par les mâles. Les larves rejoignent ensuite le plancton, pour finalement se fixer et mener leur vie sédentaire.

On peut confondre la Sabelle avec un autre ver appelé Spirographe (*Sabella spallanzanii*). Cette dernière est le plus grand ver tubicole de nos côtes. Son tube peut mesurer jusqu'à 60 centimètres, son panache est souvent blanc et il est formé de deux lobes qui s'enroulent en spirale. La Petite sabelle (*Sabella discifera*) est quant à elle, comme son nom l'indique, nettement plus petite, son tube ne mesurant que 4 à 5 centimètres.

La Sabelle est très prisée pour décorer les aquariums d'eau de mer, mais son élevage est long et difficile. Des études pour optimiser sa multiplication par régénération ont été menées afin d'éviter le prélèvement dans le milieu naturel. Coupées en deux, les Sabelles sont en effet capables de régénérer leur partie avant ou arrière en quatre semaines puis de fabriquer un tube en dix jours. Surprenant !

Sabella spallanzanii, une autre espèce

Échinodermes,

Exclusivement marins, les Échinodermes (« peau épineuse » en grec) sont les oursins, ophiures, étoiles de mer ou encore les concombres de mer. Leur corps possède une symétrie rayonnée (généralement à cinq branches). Particularité de ce groupe, un système de canaux remplis d'eau de mer sous pression permet à leurs podia, de minuscules pieds munis de ventouses, de se mouvoir.

Les Ascidies sont, malgré leur apparence, des organismes complexes. Elles possèdent un véritable tube digestif et leurs larves, une structure cartilagineuse (chorde) qui a la même origine que la colonne vertébrale des Vertébrés. Les Ascidies peuvent être solitaires, sociales ou coloniales. Dans ce dernier cas, plusieurs individus partagent le même anus !

Ascidie

Sur l'estran

L'Astérie bossue
(*Asterina gibbosa*)

Ponte

Échinoderme Étoile de mer
Famille : Astérinidés
Distribution : Atlantique, plus rare en mer du Nord, Manche et Méditerranée
Habitat : se trouve sous les pierres et dans les rochers de l'étage médiolittoral.

Plutôt discrète, l'Astérie bossue est avec l'Étoile de mer commune (*Asterias rubens*, p. 154), l'une des deux Étoiles de mer les plus communes de nos côtes. Cette petite étoile de shérif (4 ou 5 centimètres) peut être grise, verte, bleue ou encore orange et peut surtout passer presque inaperçue. On la trouve dans les rochers des côtes abritées ou semi-exposées aux vagues, dans les anfractuosités, les cuvettes, à l'abri des algues, mais le plus souvent sous les pierres. Inutile de s'affoler ! Elle se déplace à la vitesse de 2,5 centimètres par minute, ce qui laisse le temps de la découverte. Elle se nourrit de micro-organismes, de cadavres d'animaux et d'algues, ou encore du film d'algues qui recouvre les rochers. Comme les autres Étoiles de mer, elle sort son estomac dont elle enveloppe sa nourriture. Les enzymes gastriques font alors tranquillement leur travail de dissolution. Elle ne supporte pas l'exposition en plein soleil : il faudra penser à délicatement remettre la pierre soulevée bien en place de sorte à la protéger sans l'écraser. Elle s'appelle Astérie bossue à cause de sa forme bombée en son centre. Les Anglais, quant à eux, l'appellent l'Étoile coussin (*cushion star*).

La reproduction commence au printemps et s'étend jusqu'en été. L'Astérie bossue vivrait en moyenne sept ans. Hermaphrodite protandre, elle est d'abord mâle les trois ou quatre premières années de sa vie, puis devient femelle. Cette dernière pond entre cinq cents et mille œufs. Fait étrange pour un échinoderme et bien d'autres animaux du littoral, au bout d'une quinzaine de jours, elle ne donne pas naissance à des larves, mais à de minuscules Étoiles de mer juvéniles bien formées. Ces dernières serviront de repas à de multiples prédateurs, mais quelques-unes passeront à travers des mailles et permettront d'assurer la descendance de leurs parents. Si la plupart des autres espèces ont des larves planctoniques (flottant au gré des courants), la vie uniquement benthique (accrochée au sol marin) des Astéries bossues limite la dispersion des individus et, de ce fait, le brassage génétique. Pour remédier à ce handicap, il a cependant été observé que les tout jeunes individus de cette espèce peuvent flotter à l'envers à la surface de l'eau et ainsi être emportés par les courants. On appelle cela le « rafting juvénile ».

L'Astérie naine (*Asterina phylactica*) est une espèce beaucoup plus rare, plus petite (1,5 centimètre) et plus colorée. Observée en Manche et en Méditerranée, sa présence en Atlantique n'est pas encore prouvée. Sa reproduction est bien différente puisqu'elle est simultanément mâle et femelle (hermaphrodisme simultané) et qu'elle peut pratiquer l'autofécondation. Elle pond moins d'œufs, mais elle les couve dans l'attente de leur éclosion. La biodiversité n'est pas un vain mot !

L'Étoile de mer commune
(*Asterias rubens*)

Prédation d'un bivalve

Échinoderme Étoile de mer
Famille : Astériidés
Distribution : mer du Nord, Manche et Atlantique
Habitat : commune dans les rochers, dans les moulières ou dans les algues à partir du médiolittoral

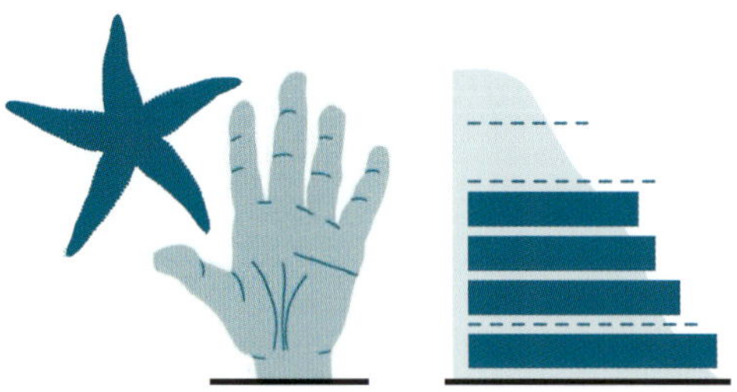

Sauf en Méditerranée, où l'on trouve l'Étoile de mer rouge (*Echinaster sepositus*), l'Étoile de mer *Asterias rubens* est fréquente sur notre littoral. Un enfant curieux de nature et intentionné ne devra pas les ramasser et les laisser mourir au soleil. Sa présence dans les moulières (lieux où se concentrent les Moules) n'est pas un hasard, puisqu'elles en raffolent, tout comme des Huîtres. Pour les ouvrir, elle écarte avec ses ventouses les deux valves qui finissent par s'épuiser et s'entrouvrir. Elle retourne alors son estomac à l'extérieur de son corps et l'applique au contact de sa proie ; la digestion est externe. La chair du coquillage est dissoute par les sucs digestifs. Autant dire qu'elle n'est pas appréciée des conchyliculteurs… En revanche, c'est une « star » en homéopathie pour traiter les troubles gynécologiques et les palpitations.

Sur le dessus, entre ses piquants calcaires (qui ne piquent pas vraiment !), s'intercalent des petits tubes souples appelés les papules ; c'est grâce à eux que se font les échanges gazeux qui lui permettent de respirer. À l'extrémité des bras se trouve un podia modifié, de couleur rouge, sensible à la lumière. Au centre de l'Étoile, se situent un très petit anus et, légèrement décentrée, une sorte de petite grille (appelée madréporite) qui laisse entrer l'eau nécessaire au système locomoteur de l'animal. En effet, sous ses bras se trouvent des milliers de petits pieds tubulaires (podia) terminés par une ventouse et actionnés grâce à un système hydraulique dit « ambulacraire ». Grâce à ses cinq bras, l'Étoile de mer peut se déplacer dans n'importe quelle direction sans avoir à se retourner (elle n'a pas d'avant, pas d'arrière) : pratique ! Elle est capable de parcourir 30 centimètres en une minute. Au printemps, les femelles se soulèvent à bout de bras et libèrent leurs ovules. Pour compenser la faible probabilité de fécondation, elles vont libérer plusieurs milliers d'œufs dans la mer. Ceux qui seront fécondés par les spermatozoïdes donneront de petites larves planctoniques, en forme de petit tonneau. Deux mois plus tard, elles se fixeront sur le fond pour se métamorphoser en minuscules Étoiles de mer.

L'autotomie (du grec *soi-même* et *coupure*) est une faculté que certains animaux ont développée pour échapper à leurs prédateurs en s'automutilant d'une partie de leur corps. L'Étoile de mer commune, qui la pratique, a l'exceptionnel pouvoir de régénérer ses membres manquants et est en mesure de survivre après avoir perdu 75 % de sa masse corporelle. Autrefois, les pêcheurs, furieux de voir leurs Huîtres ou leurs Moules se faire manger par les Étoiles de mer, les coupaient en deux au couteau pensant les tuer (peine perdue !). Si une Étoile de mer a un sens olfactif développé pour détecter une source de nourriture à distance, les proies détectent elles aussi l'approche de ce prédateur à cause d'une substance (la sapodine) qu'elle dégage. Un Crabe plus difficile à attraper (sauf s'il est mort : les Étoiles mangent aussi des cadavres) sera délaissé au profit d'un bivalve.

Étoile de mer glaciaire (*Marthasterias glacialis*)

Étrange regroupement

L'Ophiure fragile
(*Ophiothrix fragilis*)

Ophiure écailleuse (*Amphipholis squamata*)

Échinoderme Ophiure
Famille : Ophiothrichidés
Distribution : mer du Nord, Manche, Atlantique et Méditerranée
Habitat : craignant la lumière, on la découvre sous les pierres à partir de l'étage médiolittoral.

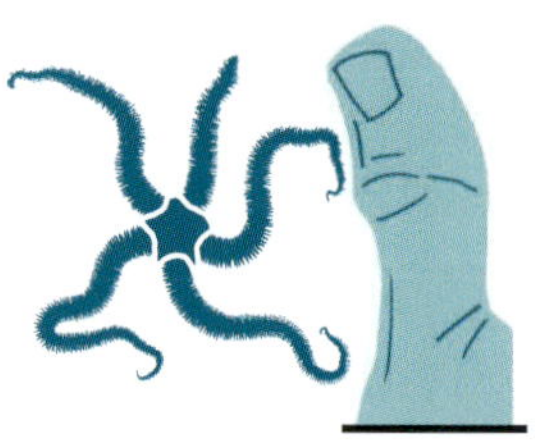

Comme leur apparence nous le suggère, les Ophiures appartiennent à la même famille que les Étoiles de mer : les Échinodermes. L'Ophiure fragile est ainsi nommée car, lorsqu'elle est attaquée par un prédateur ou manipulée par un curieux de l'estran, elle s'ampute volontairement un bras pour faire diversion pendant qu'elle prend la fuite. Que les âmes sensibles se rassurent, le bras manquant sera régénéré en l'espace de quelque temps. On l'appelle aussi Ophiure singe ou Danseuse, noms qui évoquent le mouvement ondulatoire de ses bras graciles. Elle fuit la lumière, qu'elle détecterait grâce à des cristaux de carbonate de calcium formant des microlentilles qui convergent vers des nerfs photosensibles.

On trouve facilement l'Ophiure fragile sous les pierres à marée basse. Sa forme lui permet de se cacher dans des fentes d'où elle ne laisse dépasser que ses bras, pour capter la nourriture en suspension. Elle semble aussi profiter des courants provoqués par des éponges en s'installant tranquillement à leur surface. Une autre espèce, l'Ophiure écailleuse (*Amphipholis squamata*, voir photo), très discrète à cause de sa petite taille, vit très fréquemment cachée à la base des algues. Elle présente la particularité d'incuber ses œufs sous son disque, dans les sacs branchiaux.

Au large, les Ophiures fragiles apprécient fortement la vie en communauté. En baie de Seine par exemple, des regroupements allant jusqu'à sept mille individus au mètre carré ont été observés. Comme elles s'accrochent au substrat à la force de leurs bras grêles (et de leurs pieds, qui sont… sur leurs bras !), l'entraide de congénères est très appréciable sur les substrats meubles balayés par les courants marins (là où l'on trouve beaucoup de particules nutritives et de plancton en suspension dans l'eau). C'est en effet grâce à tout ce petit monde qu'elles peuvent lever les bras pour freiner le courant et capter la nourriture. Celle-ci est ensuite acheminée jusqu'à la bouche au moyen du mucus. Les juvéniles viennent aussi s'accrocher aux bras des adultes pour bénéficier de la situation. L'Ophiure n'a pas d'anus, elle rejette des petites boules non digérées par la bouche.

L'Ophiure fragile respire en aspirant l'eau par des petites fentes situées sur son disque central, qu'elle contracte en rythme à la manière d'un cœur qui bat. La reproduction se déroule du printemps à l'automne. Après la fécondation, les larves errent au gré des courants quelques semaines avant de se métamorphoser en juvéniles, et tomber sur le fond (ou sur les bras des adultes).

Depuis quelques années, des agrégations de certaines Ophiures prolifèrent dans les écosystèmes côtiers exposés à des pressions liées à l'activité humaine (qualité de l'eau, surpêche de poissons plats prédateurs, etc.) Au même titre que les espèces invasives, les espèces proliférantes doivent être étudiées pour évaluer leur impact sur les écosystèmes et la biodiversité.

Lanterne d'Aristote (appareil masticateur)

L'Oursin vert (*Psammechinus miliaris*) a les pointes roses.

L'Oursin violet
(*Paracentrotus lividus*)

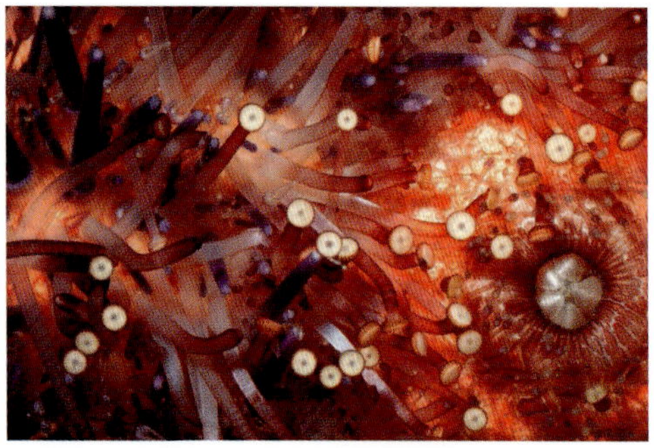

Bouche

Échinoderme Oursin régulier
Famille : Paréchinidés
Distribution : mer du Nord, Manche, Atlantique et très commune en Méditerranée
Habitat : il vit dans les rochers ou dans les cuvettes où il creuse quelquefois une cavité au niveau des moyennes marées. On peut également le trouver dans les herbiers.

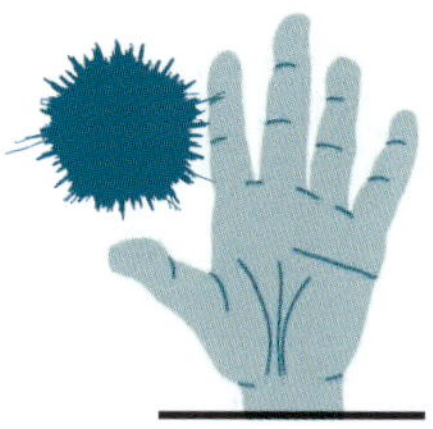

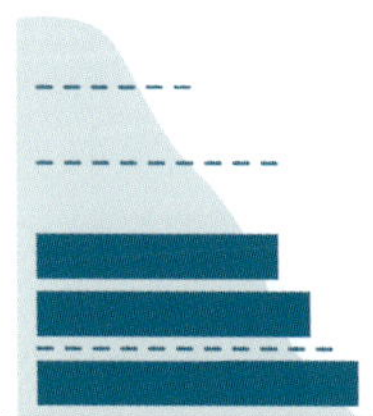

Cette espèce est largement consommée en Méditerranée depuis l'Antiquité. Elle est parfois nommée à tort Oursin femelle, dont le mâle serait l'Oursin noir qui en fait est une autre espèce (*Arbacia lixula*). L'Oursin violet est la vedette de fêtes culinaires appelées Oursinades, qui ont lieu en début d'année. Les stocks pêchés ou élevés sur la façade atlantique partent cependant pour la plupart sur les tables… parisiennes et japonaises. Les parties consommées correspondent à l'appareil reproducteur, constitué de cinq gonades qui sont mangées crues et qui ont un fort goût iodé. Alors que les populations naturelles s'amenuisent gravement dans certaines régions, l'île de Ré abrite un élevage d'Oursins qui participe à des campagnes de réintroduction de l'espèce.

L'Oursin est un très proche parent des Concombres (p.162) et des Étoiles de mer (p. 152) ; ils appartiennent tous à l'embranchement des Échinodermes. À sa mort, les piquants de l'Oursin tombent et le test calcaire (son squelette, voir photo) apparaît. On peut alors clairement voir la symétrie pentaradiée (cinq parties disposées en rayons) qui rappelle celle des Étoiles de mer. L'Oursin, comme ces dernières, possède un système ambulacraire qui lui permet de se déplacer (et de respirer) grâce à des podia hydrauliques munis de ventouses. Une particularité qui le différencie toutefois des Étoiles de mer : malgré sa symétrie l'Oursin violet ne se déplace pas dans toutes les directions mais selon un axe appelé le plan de Lovén. Une expérience ludique à faire !

Au printemps, les femelles Oursin violet libèrent leurs millions d'œufs et des hormones qui incitent les mâles à expulser leurs spermatozoïdes. Les larves, de forme surprenante (voir photo), se transforment ensuite en juvéniles. Pêché à plus de 5 centimètres de diamètre (sans les piquants), il mettrait plus de cinq ans pour atteindre cette taille. Faisant fi de son nom, l'Oursin violet peut aussi être brun ou vert. En Atlantique, on peut le confondre avec l'Oursin vert (*Psammechinus miliaris*) (voir photo) plus commun, plus petit et dont les piquants (verts) ont une extrémité rose. Les Oursins sont aussi appelés Châtaigne de mer ou Hérisson de mer, et le baigneur qui met un jour par inadvertance le pied nu dessus se souviendra douloureusement de ces noms évocateurs. Sa piqûre n'est pas venimeuse, mais les piquants peuvent se casser sous la peau et provoquer des désagréments.

Malgré ses piquants, l'Oursin violet peut faire le repas d'un Homard, de certains poissons (Sars, Labres) ou de l'Étoile de mer glaciaire. Il est herbivore et broute les algues à l'aide de ses cinq petites dents qui dépassent d'un étonnant appareil masticateur appelé lanterne d'Aristote (voir photo). Si la roche est tendre, il peut la creuser avec ses piquants en faisant des rotations, jusqu'à former une logette qu'il occupera la journée à l'abri des prédateurs et quittera la nuit pour s'alimenter. À découvert, il se dissimule (qu'il croit !) en agrippant des algues ou des débris de coquilles sur ses piquants.

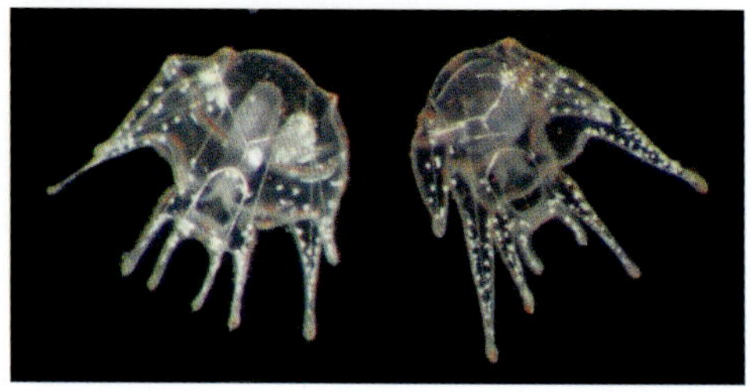

Larve

L'Oursin cœur
(*Echinocardium cordatum*)

Bouche

Échinoderme Oursin irrégulier
Famille : Lovéniidés
Distribution : mer du Nord, Manche, Atlantique et Méditerranée
Habitat : peu visible puisqu'il vit ensablé sous certaines plages battues par les vagues. Il est quelques fois sorti accidentellement de son terrier par les pêcheurs à la recherche de vers au niveau médiolittoral inférieur.

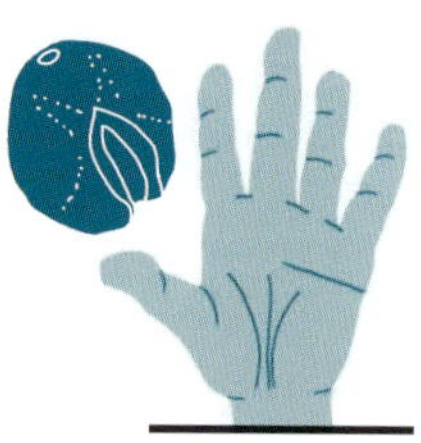

Selon la systématique, les Oursins appartiennent à l'embranchement des Échinodermes, tout comme les Étoiles de mer, et sont divisés en deux groupes : les plus connus sont les Oursins réguliers, comme l'Oursin violet (p. 158), les autres sont les Oursins irréguliers, comme l'Oursin cœur. La forme de leur test (squelette calcaire de l'animal) ne montre pas les cinq lignes de podia (pieds) régulièrement ordonnées en symétrie radiaire, mais en symétrie bilatérale. La bouche a migré vers l'avant et l'anus à l'arrière (plus au-dessus) du test.

Peu de gens voient l'Oursin cœur vivant. C'est le fragile test blanc en forme de cœur (d'où son nom) échoué sur la plage qu'il est courant de trouver. Il y a une raison simple à cela : l'animal vit caché enfoui dans le sable, à 10 ou 15 centimètres de la surface, duquel il ne semble pas sortir. C'est pourquoi on l'appelle aussi l'Oursin de sable. Il apprécie le sable pas trop vaseux des plages.

L'Oursin cœur se fait quelquefois déloger de son tranquille terrier par le malheureux coup de bêche d'un pêcheur à la ligne à la recherche de vers. S'il n'a pas été brisé par le fer, il mettra ses piquants ventraux en forme de spatule en action pour regagner au plus vite (6 à 8 centimètres/heure !) sa tranquillité dans le sable… et avant de se faire manger par un goéland !

L'Oursin cœur vit donc en ermite dans son terrier consolidé avec du mucus et communique avec la surface grâce à une petite cheminée qui lui apporte de quoi respirer et se nourrir. Il agite lentement ses radioles pour créer un courant qui favorise les échanges avec la surface. Les particules alimentaires mêlées au sable tombent dans l'entonnoir que forme l'entrée de la cheminée. Dirigé ensuite par les pieds ambulacraires et le mouvement des piquants, le sable arrive à l'entrée de la bouche. Dépourvu de lanterne d'Aristote (appareil masticateur des Oursins réguliers), l'Oursin cœur ingère massivement du sable que ses podia péribuccaux conduisent directement dans l'œsophage et où il commence la digestion des particules organiques entraînées avec le sable. Bien à l'abri dans son terrier, sa longévité est estimée à une quinzaine d'années.

Si certains l'appellent « Souris de mer », ce n'est pas pour sa vélocité mais en raison de l'apparence d'un pelage que lui confère l'aspect de ses piquants fins. Au printemps et en automne, les Oursins cœur mâles et femelles libèrent leurs gamètes. Les larves se métamorphosent après une quarantaine de jours de vie planctonique, suite à laquelle les Oursins juvéniles s'enfouissent et commencent leur vie dans le sable. L'Oursin cœur de Méditerranée (*Echinocardium mediterraneum*), très semblable à son cousin, est sans grande surprise l'espèce que l'on trouve en Méditerranée.

Piquants en forme de spatule

Lèche-doigts sur l'estran

Le Lèche-doigts (*Aslia lefevrii*) et l'Holothurie noire (*Holothuria forskali*)

Tubes de Cuvier

Échinoderme Holothurie
Famille : Cucumariidés
Distribution : mer du Nord, Manche, Atlantique
Habitat : on rencontre le Lèche-doigts à l'occasion des grandes marées dans les failles des rochers.

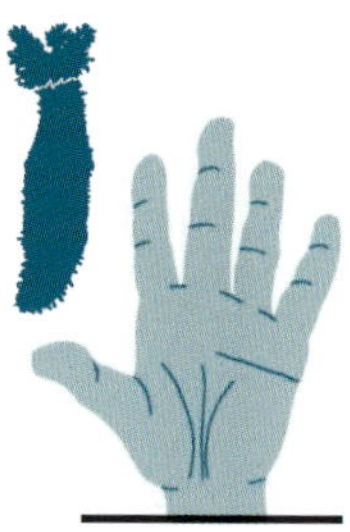

Holothurie pourrait se traduire par « entièrement fougueux » ! De toute évidence, ce nom ne peut faire référence au tempérament complètement nonchalant de l'animal. Il semblerait que ce soit plutôt sa forme phallique qui ait inspiré les biologistes. Les Holothuries sont communément appelées Concombres de mer. Ce ne sont pas des vers, comme on pourrait l'imaginer, mais des Échinodermes, tout comme les oursins et les étoiles de mer. Certaines d'ailleurs ressemblent un peu à un bras d'Étoile de mer. Les Chinois (qui sont nombreux !) en sont de grands consommateurs.

Si on observe bien, on peut dénicher, lorsque la mer s'est retirée, une espèce très discrète appelée Lèche-doigts (*Aslia lefevrii*). Elle ressemble à un cornichon et se cache dans les failles des rochers. À marée haute, elle déploie ses tentacules buccaux arborescents pour capter les particules en suspension dans l'eau, puis les replie un par un jusqu'à sa bouche pour récupérer la nourriture retenue, d'où son nom.

L'Holothurie noire (*Holothuria forskali*) est rare dans la zone de balancement des marées, elle préfère les eaux plus profondes. Elle est limivore (de *limus*, limon, boue, et *vore*, manger) et se nourrit de matière organique contenue dans la vase, qu'elle ingère en grande quantité. Les chapelets d'excréments évacués sont souvent sujets à questionnement par les plongeurs qui ignorent leurs origines. Comme l'Holothurie a souvent « le nez dans le sable », elle respire par l'anus. La reproduction s'opère dans l'eau, mâles et femelles se regroupant avant de libérer leurs gamètes.

En cas d'agression, l'Holothurie noire utilise une étrange riposte : elle projette de son anus ses tubes de Cuvier, des filaments de collagène blancs extrêmement collants et toxiques qui entravent l'agresseur. Plus le poisson ou le crabe se débat, plus il s'emberlificote. Les marins anglais appellent pour cette raison l'Holothurie noire la Fileuse de coton. Dissuadé d'attaquer, le prédateur se défera finalement de ces liens qui perdent peu à peu de leur efficacité. Le Concombre peut régénérer ses tubes en un mois. Ce surprenant comportement provoque toutefois un stress et un coût énergétique important, et bien qu'il soit tentant de le provoquer pour l'observer, il est raisonnable de laisser ces animaux en paix. En situation désespérée, certaines espèces se défendent de toutes leurs tripes. Ce ne sont plus les tubes de Cuvier, mais leurs systèmes digestif, reproducteur et même respiratoire qu'elles jettent au nez de l'agresseur. Ce dernier, occupé à manger ce qu'on lui offre, laissera fuir l'Holothurie. C'est un coûteux don de soi qui peut lui sauver la vie en attendant la régénération.

On peut dire que certains Concombres de mer exotiques font preuve d'une grande hospitalité. En effet, un poisson qui vit dans des étendues sableuses n'a pas trouvé d'autre cachette que… l'anus de cette Holothurie. Nommé « poisson thermomètre », il peut même y vivre en couple.

Une espèce vivant dans le sable, très collante (*Leptosynapta inhaerens*)

Lèche-doigts (*Aslia lefevrii*)

L'Ascidie japonaise (*Styela clava*)

Le Botrylle étoilé
(*Botryllus schlosseri*)

Larves

Ascidie
Famille : Styélidés
Distribution : mer du Nord, Manche, Atlantique et Méditerranée
Habitat : se voit sur toutes sortes de supports (pieux, algues, bouées, rochers…) au niveau infralittoral.

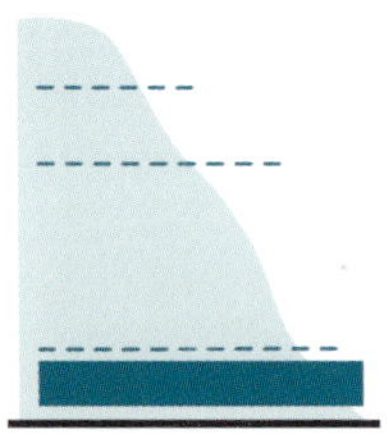

Les Ascidies sont des organismes d'apparence assez simple : une enveloppe extérieure (qui peut être très épaisse ou parfaitement transparente) appelée tunique fixée au substrat, et deux siphons à son extrémité, un buccal inhalant et un cloacal exhalant. Cette tunique donne son nom au groupe dont font partie les Ascidies : les Tuniciers. L'eau est aspirée grâce aux mouvements de cellules ciliées qui tapissent les parois branchiales, est ensuite filtrée en traversant les fentes du sac branchial qui retiennent l'oxygène et les particules alimentaires nécessaires à l'animal, et ressort par le siphon cloacal. La nourriture, captée dans du mucus, transite jusqu'à l'estomac. La fécondation des œufs de la femelle a lieu en été et se produit en interne grâce aux spermatozoïdes inhalés. Les larves, qui ressemblent à de petits têtards (voir photo), quittent ensuite leur mère pour nager quelques heures. Elles se collent alors sur un support par des ventouses situées sur la tête, et entament leur vie d'adultes fixés.

Les larves nagent grâce à une queue actionnée par des muscles situés de part et d'autre d'une baguette flexible appelée chorde. Celle-ci n'est présente que chez la larve, et disparaît lors de la transformation en post-larve. Les seules autres espèces animales qui possèdent une telle chorde sont… les Vertébrés (et quelques autres petits groupes très proches). Malgré leur vie adulte fixée et un aspect « végétal », les Ascidies sont en fait de proches parents des Vertébrés (et donc de l'Homme) ! Chez les Vertébrés aussi, la chorde n'est présente qu'au début du développement, et est remplacée par la colonne vertébrale (d'où leur nom). Nous sommes ainsi génétiquement plus proches du Botrylle étoilé que d'une mouche par exemple ! Il est sans doute rassurant de rappeler que la divergence de nos lignées aurait eu lieu il y a environ 550 millions d'années.

Selon les espèces, les Ascidies sont solitaires, sociales ou coloniales. L'Ascidie japonaise (*Styela clava*, voir photo) est de type solitaire, et aurait été introduite en Angleterre dans les années 1950 (au retour des navires de la guerre de Corée). C'est une espèce présente sur de nombreuses côtes (Amérique, Australie et France depuis les années 1970) car elle a sans doute aussi bénéficié, pour élargir sa zone de distribution, des déplacements d'huîtres par les ostréiculteurs. Les Clavelines (*Clavelina lepadiformis*, voir photo) sont des Ascidies sociales, reliées entre elles par des stolons, chaque groupe étant issu d'une seule larve. Elles se reproduisent de manière sexuée mais aussi par bourgeonnement des stolons après le repos hivernal. Quant au Botrylle étoilé, c'est une espèce coloniale chez laquelle une dizaine d'individus partagent leur tunique et une même sortie des courants exhalants, en étant disposés tout autour. Les colonies sont formées de clones de couleur identique issus d'une seule larve, qui se multiplie par bourgeonnement.

Le Violet est une grosse Ascidie solitaire (de 10 à 15 centimètres) endémique de la Méditerranée, qui a été largement consommée en Provence et en Catalogne à l'époque où elle était abondante. Ce sont principalement ses gonades charnues (appareil reproducteur) qui sont mangées, crues.

Une très belle autre espèce : la Claveline

Poissons

Les Poissons forment un ensemble très hétérogène au sein du très petit sous-embranchement des Vertébrés (4 % des espèces animales). Ils se divisent en deux groupes : les Poissons cartilagineux (Ostéichtyens : requins, raies et les autres Poissons) et osseux (Chondrichtyens : gobies ou hippocampes). Animaux très évolués, ils sont doués de comportements complexes (parades sexuelles, parfois soin aux jeunes...). Ils respirent grâce à des branchies et leur reproduction est très diversifiée.

L'Hippocampe moucheté
(*Hippocampus guttulatus*)

Poisson osseux
Famille : Syngnathidés
Distribution : mer du Nord, Manche, Atlantique et Méditerranée
Habitat : c'est un poisson commun des herbiers de Zostère ou Posidonie, qu'on peut avoir la chance de voir à l'occasion de grandes marées

Dans la mythologie, l'hippocampe est un monstre marin à la tête de cheval et à la queue de poisson, et servait d'attelage au char de Neptune. Au sens littéral, l'hippocampe est un cheval (du grec *hippos*) courbé (*kampê*). Sa robe finement mouchetée a suscité son nom d'espèce, *guttulata* (du latin *gutta*, goutte, tache). Une autre espèce, l'Hippocampe à museau court (*Hippocampus hippocampus*) (voir photo), partage les mêmes zones géographiques et se reconnaît, comme son nom l'indique, à la petite taille de son museau et une robe moins mouchetée.

Il est un hôte des bords de mer et des lagunes où il vit camouflé grâce à sa coloration cryptique dans les prairies maritimes. Ce curieux poisson sans écaille est fortifié d'un corps cuirassé qui lui sert d'armure et limite ses prédateurs. Il se tient en position verticale et se déplace gracieusement à l'aide de sa nageoire dorsale vibratile qu'il peut mouvoir à raison de plusieurs dizaines de battements par seconde. Lors des grandes marées on peut avoir la chance de l'apercevoir dans l'un de ses habitats favoris, les herbiers de Zostère (p. 26). Il demeure la majeure partie du temps fixé à la végétation, maintenu par sa queue préhensile. Parfaitement camouflé, il devient alors un redoutable prédateur à l'affût de petits crustacés qui passent à proximité de son museau, repérés par ses deux yeux mobiles qui se meuvent indépendamment l'un de l'autre à la manière de ceux d'un caméléon. La proie est aspirée comme par une paille, grâce à un os de son palais qui pivote formant ainsi une dépression dans sa cavité buccale.

Malheureusement pour lui, l'hippocampe souffre d'une grande notoriété auprès de la médecine traditionnelle chinoise. Il est utilisé en poudre séchée ou en décoction pour ses prétendues vertus thérapeutiques extraordinaires et aphrodisiaques. Pour satisfaire cette demande, plus de vingt millions d'hippocampes sont pêchés chaque année, mettant en péril certaines espèces. Des mesures de protection sont progressivement mises en place et des fermes-élevages sont en train de voir le jour en Australie et à Hawaï.

De mars à octobre s'étend la longue saison des amours. Au moment de la cour, le mâle se pare d'une couleur brillante pour séduire une femelle. Une fois le couple formé, mâle et femelle s'étreignent grâce à leur queue préhensile. Puis étonnamment, à l'aide d'un ovipositeur, sorte de tube de ponte, la femelle introduit ses œufs dans une poche ventrale appelée « marsupium » chez le mâle. Ce dernier féconde alors les œufs au sein de la poche paternelle, qui sécrète un liquide nourricier nécessaire à la croissance des embryons. Le mâle Hippocampe est un non-conformiste, c'est lui qui porte les bébés ! Il expulsera les jeunes Hippocampes trois semaines plus tard. Ne mesurant pas plus de 2 centimètres de long, ils mèneront une vie planctonique avant de revenir coloniser une prairie sous-marine deux à trois mois plus tard.

Hippocampe à museau court (*Hippocampus hippocampus*)

L'Anguille
(*Anguilla anguilla*)

Poisson osseux
Famille : Anguillidés
Distribution : mer du Nord, Manche, Atlantique et Méditerranée
Habitat : si la plupart des Anguilles remontent les cours des eaux douces, certaines élisent domicile sur le littoral. On les trouve sous les pierres et les rochers à partir de l'étage médiolittoral et dans les fonds meubles des estuaires.

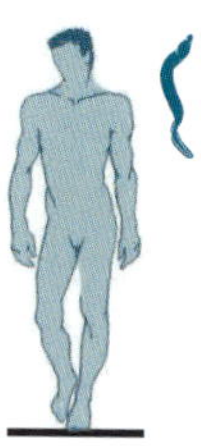

Serpentant avec vivacité entre les cailloux et les algues, l'Anguille tirée de sa cachette ne mettra pas longtemps à disparaître à nouveau sous une pierre. Ceux qui voudraient s'en saisir pour l'observer devront être vifs et habiles : le mucus qui la recouvre et la forme de l'animal rendent la mission presque impossible. Certains pourront être surpris de voir une Anguille en bord de mer et pourtant elle y est fréquente et même abonde dans les estuaires. La compétition, le manque de nourriture ou une mauvaise qualité de l'eau peuvent la pousser à s'installer dans les milieux côtiers sablo-vaseux ou rocheux.

Aucun adulte reproducteur ni aucun œuf n'ont jamais été trouvés. Cependant, il est admis que l'Anguille naît au large dans la mer des Sargasses. De l'œuf sort une larve transparente et plate en forme de feuille de saule qui, aidée par les courants, parcourra sept mille kilomètres pour rejoindre nos côtes ! Appelée leptocéphale (du grec, fine tête), elle se nourrit de zooplancton. C'est en se rapprochant des talus continentaux qu'elle va faire l'objet de bien des convoitises, métamorphosée en une fine petite anguille transparente longue de 7 centimètres appelée civelle (voir photo). Les civelles tentent de remonter les estuaires, guidées par un excellent odorat qui leur permettrait de repérer leurs congénères. Considérées comme un mets recherché, elles seront alors pêchées pour être vendues très cher. Celles qui passeront entre les mailles des filets remonteront les cours d'eau (lourde tâche, notamment à cause des barrages) à la recherche d'un endroit adéquat à leur long développement : de la nourriture en quantité suffisante, des cachettes et une qualité d'eau convenable. La civelle se pigmente, devient anguillette puis grandit pour devenir une Anguille jaune. Selon les conditions du milieu, il lui faudra cinq à quarante ans pour atteindre sa taille adulte (30-40 centimètres pour les mâles, 45 centimètres à plus d'un mètre pour les femelles) et subir une ultime métamorphose en Anguille argentée : peau épaisse, dos sombre, ventre argenté et des yeux quatre fois plus gros. Grâce à son stock de graisse, la voici prête à partir pour le long voyage nécessaire à sa reproduction. Une crue automnale sera l'occasion de la dévalaison (migration vers la mer). Elle refera donc le voyage à l'envers pour retourner sur son lieu de naissance, en mer des Sargasses. Grâce à de récentes études, nous savons qu'elle parcourt jusqu'à 45 kilomètres par jour en descendant en profondeur le jour et remontant plus en surface la nuit. Mais il reste beaucoup d'incertitudes que les scientifiques s'efforcent d'élucider.

S'il y a « Anguille sous roche », elle n'y est peut-être plus pour longtemps : ses populations ont décliné de plus de 70 % en vingt ans par destruction de ses habitats, obstacles à sa migration (turbines, réservoirs, barrages...), pollution des eaux, ou parasitisme par un nématode (petit ver) importé d'Asie, sans oublier la pêche : 1 kilogramme de civelles, c'est trois mille individus. L'extinction menace...

Civelles

Anguille jaune

Anguille argentée

Anguillette

Gare aux piqûres sur certaines plages.

La Petite Vive
(*Echiichthys vipera*)

Véronique Lamare/doris.ffessm.fr

Grande Vive (*Trachinus draco*)

Poisson osseux
Famille : Trachinidés
Distribution : mer du Nord, Manche, Atlantique et Méditerranée
Habitat : la Vive se fait souvent connaître lorsqu'elle pique le pied d'un baigneur. Elle fréquente les plages de faible profondeur et ensoleillées, où elle s'enfouit aux beaux jours.

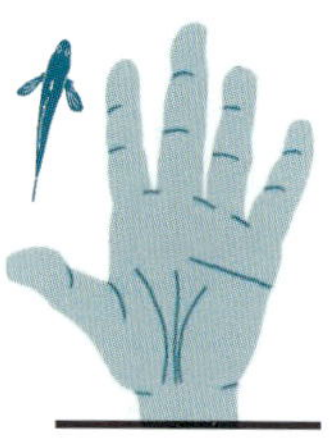

On peut rencontrer plusieurs espèces de Vive sur nos côtes. Les plus communes sont la Petite Vive (*Echiichthys vipera*), très courante sur la côte Atlantique, et la Grande Vive (*Trachinus draco*). Cette dernière, qui mesure une trentaine de centimètres, se retrouve occasionnellement sur les marchés. Consommée en soupe, la Vive est appréciée pour sa chair fine, et entre dans la recette de la fameuse bouillabaisse marseillaise.

La Petite Vive, qui mesure une quinzaine de centimètres, vit sur les fonds sableux ou vaseux et affectionne les eaux agitées. Elle se rapproche des plages en été, comme les touristes, pour y chasser à l'affût, dissimulée dans le sable. La silhouette de la Vive est singulière, sa bouche est orientée vers le haut. Enfouie dans le sable, seuls ses yeux haut placés dépassent du sédiment. La Petite Vive scrute le moindre mouvement autour d'elle. Lorsqu'une crevette, un isopode ou un petit Lançon (ses principales proies) passe près du poisson embusqué, il finit sa route happé en un éclair. Le printemps annonce la saison de la reproduction qui s'étalera jusqu'à la fin de l'été. Le frai se déroule sur le bord du littoral. Les pontes ont lieu entre mai et septembre, en eau profonde, et les œufs sont pélagiques : ils voguent au gré des courants.

La Petite Vive fait beaucoup parler d'elle sur certaines plages, et les vacanciers qui ont croisé son chemin en gardent un souvenir très douloureux.

Le partage du territoire se termine quelquefois dans la douleur. À la vue d'un prédateur ou d'un pied nu infortuné, la Vive redresse sa nageoire dorsale noire armée d'épines (voir photo) et gorgée de venin, dont la composition est d'ailleurs proche de celle du venin de scorpion. À son contact une violente douleur dissuadera l'assaillant. La Petite Vive fait aussi beaucoup de victimes chez les pêcheurs de Lançons, mais surtout chez les pêcheurs de crevettes. Pris dans les mailles du filet au milieu des crevettes, ce petit poisson pique sans hésitation les mains des pêcheurs. Il arrive que la douleur, qui atteint son paroxysme 30 minutes après la piqûre, entraîne une perte de connaissance. Ce venin est thermolabile : il perd ses propriétés au contact de la chaleur. Les maîtres-nageurs sauveteurs ont l'habitude de plonger immédiatement les pieds des victimes dans un bain d'eau très chaude. On entend souvent dire que la douleur disparaît avec la marée suivante. On peut donc dire qu'il faut prendre son mal en patience une douzaine d'heures, et attendre encore quelques jours pour ne plus rien ressentir. Il est nécessaire de consulter un médecin si des vertiges ou d'autres complications apparaissent. Attention, même lorsque la Vive est morte, son venin reste actif. Porter des chaussures de plage là où sa présence est indiquée reste le meilleur moyen de prévention.

Pêche au râteau

Daniel Angelini

La Sole commune (*Solea solea*)

Poisson osseux
Famille : Soléidés
Distribution : mer du Nord, Manche, Atlantique et Méditerranée
Habitat : au printemps, les adultes affectionnent le sable fin à vaseux de l'infralittoral, de préférence à proximité d'un estuaire

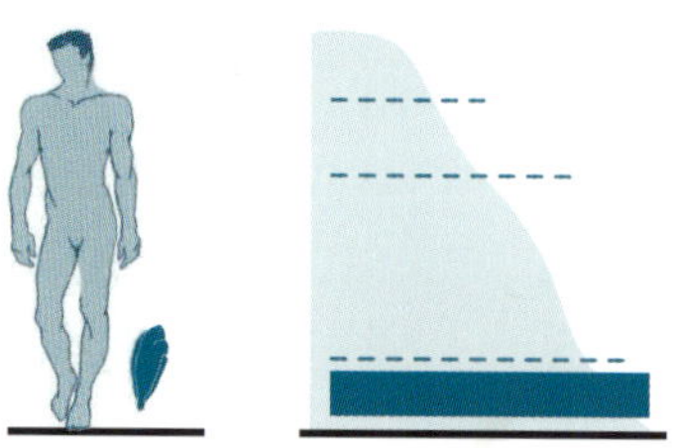

C'est pour la finesse de sa chair que les gourmets élisent la Sole en mets d'exception. Bien que ce soit sur les étals des poissonniers qu'elle se trouve le plus communément, il existe certaines plages (notamment en Manche ou en Atlantique) où de belles prises peuvent se faire. En effet, après les pontes printanières, les Soles se rapprochent des côtes. Lors des grandes marées de cette période, les bassiers (les pêcheurs à marée basse) habitués des lieux sortent alors leur râteau à poissons plats (engin soumis à réglementation) pour aller gratter la plage dans l'espoir de « soulever » quelques Soles. La fouëne (une sorte de petite fourche) peut aussi être utilisée en piquant le sable devant soi. Les plus aguerris pourront tenter leur chance alors que l'eau recouvre le sable. Mais attention, le repas n'est pas encore gagné car la proie est dans son élément naturel. Une fois délogée du sable par les dents du râteau ou ayant senti le danger, la Sole tente de s'enfuir et de s'ensevelir plus loin en agitant vivement ses nageoires qui soulèvent le sable ; une manière de faire étonnante à observer ! Il se peut qu'une malchanceuse Plie, appelée aussi Carrelet (*Pleuronectes platessa*, voir photo) et reconnaissable à ses taches orange, s'invite malgré elle à la table du pêcheur. Plus rare sur l'estran, elle vit aussi sur les fonds sableux ou vaseux.

La Sole, la Plie, le Flet ou la Limande sont tous des poissons plats. Ils ne reposent pas comme on peut l'imaginer sur le ventre, mais sur… le côté ! Ils appartiennent à l'ordre des Pleuronectiformes (du grec *pleuro* : flanc, et *nect* : nager). En effet, la partie supérieure de ces poissons, qui porte les yeux et les narines, correspond à leur flanc droit ; on dit que ce sont des espèces dextres. Le Turbot en revanche est une espèce senestre, ses yeux sont sur son flanc gauche. La légende raconte que le dieu Neptune se fit piquer au pied en marchant sur un poisson d'apparence classique. De rage il l'aplatit du pied, lui arrachant du même coup le dard et laissant à ce qui devint une Sole cette curieuse apparence.

Quant à la biologie, elle nous apprend que les œufs de Sole, qui sont pondus à la fin de l'hiver en eaux profondes, errent au gré des courants marins et donnent naissance à des alevins de forme tout à fait ordinaire. Les estuaires de la Manche et du golfe de Gascogne sont d'ailleurs d'importantes nurseries à petites Soles, qu'il est nécessaire de protéger. Une étonnante métamorphose s'opère ensuite : l'œil et la narine gauche migrent jusqu'au côté droit (en passant par le dos). Ce flanc s'assombrit ensuite et acquiert des capacités de camouflage, tandis que l'autre, destiné à reposer sur le fond, devient tout blanc. D'un point de vue évolutif, cette adaptation à la vie sur les fonds marins est tout à fait « renversante ». L'explication reste hypothétique, toutefois, certains poissons se reposent en se couchant sur le côté ; si ce comportement se révèle efficace pour se cacher des prédateurs, il est possible qu'il ait été sélectionné jusqu'à transformer complètement la morphologie de l'espèce, lui faisant perdre la conventionnelle symétrie bilatérale.

Plie ou Carrelet (*Pleuronectes platessa*)

Sur l'estran avec un tourteau

Le Gobie
(*Gobius paganellus*)

Poisson osseux
Famille : Gobiidés
Distribution : mer du Nord, Manche, Atlantique et Méditerranée
Habitat : espèce commune des cuvettes et des rochers de l'étage médiolittoral

Le Gobie paganel est un prédateur vorace, il se nourrit de petits crustacés, de vers ou de mollusques. Si vous souhaitez le mettre en aquarium pour l'observer quelques jours, méfiez-vous car il est capable de faire du vide et de prendre quelques grammes ! Avec les Blennies (p. 178), ce sont les petits poissons qu'on rencontre le plus souvent lorsqu'on explore le littoral. Voici un indice pour les différencier : les nageoires ventrales du Gobie sont soudées et forment une petite ventouse leur servant à s'accrocher aux rochers, tandis que celles de la Blennie ressemblent à deux béquilles sur lesquelles elle se repose. On imagine aussi que le Gobie a l'air triste ; la forme de sa bouche donne l'impression qu'il boude !

La famille des Gobiidés est très importante puisqu'elle regroupe près de deux mille espèces dans le monde. Ils sont présents dans le milieu marin, les estuaires et même en eau douce. Cette famille comprend les plus petits vertébrés du monde, comme ce Gobie qui vit dans les récifs coralliens australiens et qui mesure 7 millimètres de long.

Le Gobie paganel, qui mesure une douzaine de centimètres, est très commun sur notre littoral. On le reconnaît grâce à la bordure orangée à jaunâtre de sa première nageoire dorsale. On le surprend souvent en soulevant les pierres à marée basse, alors qu'il attend patiemment que la marée remonte. Il pourrait vivre une dizaine d'années, et se reproduit à partir de deux ou trois ans. Comme beaucoup d'autres Gobies, il adopte une stratégie de reproduction bien particulière puisque c'est le mâle qui se charge de l'aménagement d'un « nid douillet » (du sable creusé sous une pierre).
La femelle, séduite par l'intention du mâle, y dépose ses œufs qui seront jalousement gardés, nettoyés et ventilés jusqu'à l'éclosion.

Un autre Gobie très commun, mais cette fois-ci plutôt sur le sable, le Gobie buhotte (*Pomatoschistus minutus*) (voir photo), fait son nid d'une simple coquille retournée sous laquelle il creuse une cavité, le tout recouvert de sable. Monsieur tente ensuite, par une parade amoureuse qui consiste à exposer les couleurs de ses nageoires, d'inviter une puis deux puis jusqu'à six femelles à pondre dans son nid. Ce sont elles qui décident ou non de venir pondre chez le prétendant, leur choix étant dicté par la qualité de la parade mais surtout par les qualités de père, donc des soins qu'il apporte aux œufs (l'étude qui démontre ce choix laisse des questions ouvertes sur la manière dont la femelle percevrait les qualités de père). Après que la femelle a pondu, le mâle s'empresse de féconder les œufs tandis que la femelle s'en désintéresse complètement. La défense du mâle contre les prédateurs (mais aussi les congénères) s'avère peu efficace, car des mâles « furtifs » viennent à leur tour féconder les œufs dès que le père « légitime » a le dos tourné. Ces mâles sans gêne apportent leurs gènes et permettent ainsi un meilleur brassage génétique pour l'espèce.

La Blennie gattorugine
(*Parablennius gattorugine*)

Poisson osseux
Famille : Blenniidés
Distribution : mer du Nord, Manche, Atlantique et Méditerranée
Habitat : espèce commune des rochers de l'étage médiolittoral, que l'on trouve souvent sous les pierres à attendre hors d'eau le retour de la marée.

Les Blennies sont faciles à dénicher à marée basse, en soulevant quelques cailloux (qu'il faut penser à bien remettre en place). Elles n'ont pas d'écaille mais le mucus qui les recouvre leur a valu le nom de Baveuses. Cet épais mucus protège leur peau et leur permet même de résister un certain temps à la dessiccation si elles se retrouvent piégées à marée basse. Une espèce du Pacifique (*Alticus arnodorum*) passe même une grande partie de son temps sur les rochers… hors de l'eau ! Cette Blennie se déplace en sautant et fait preuve d'une étonnante adaptation, puisque la couleur de ce poisson « terrestre » se fond parfaitement dans celle des rochers.
Les Blennies se confondent souvent avec les Gobies (p. 176). Pour les différencier, il faut observer leurs nageoires ventrales : celles des Blennies ressemblent à deux béquilles sur lesquelles l'individu se repose, tandis que celles des Gobies, soudées, forment une petite ventouse leur permettant de s'accrocher aux rochers. Mauvais nageurs, tous les deux se déplacent par à-coups de pierre en pierre. Les enfants adorent tenter d'attraper ces malins petits poissons avec une épuisette, mais la partie est loin d'être gagnée.
La Blennie gattorugine, qui est la plus grande de sa famille, est très territoriale. Elle s'approprie un petit refuge et ne supporte guère la présence sur son fief d'autres poissons, encore moins s'ils sont de son espèce. Il est fréquent que les plongeurs en observation se laissent « intimider » un instant par l'attitude effrontée d'une Blennie mécontente de leur visite. Elle dispose d'une forte dentition qui lui permet de se nourrir de crustacés, d'alevins, à l'occasion d'algues, mais aussi de mollusques tels que les Patelles (p. 88) dont elle parvient à broyer la coquille. Elle peut aussi mordre la main de qui voudrait la capturer, ce qui surprend mais reste sans gravité !
À la saison des amours, la femelle Blennie gattorugine suspend sa ponte au plafond de l'antre d'un mâle, qui l'aura sans doute séduite par la beauté des tentacules buissonnants qu'il arbore avec fierté au-dessus des yeux (les tentacules de la femelle sont plus petits). Le mâle protège et ventile ensuite les œufs pendant environ un mois, leur assurant un bon apport en oxygène. À l'issue de ce délai, les petites larves partent dans les courants marins, pour ensuite regagner le substrat sous forme de juvéniles.
Le Mordocet (*Lipophrys pholis*) (voir photo ci-dessous) est une autre Blennie très commune également dans les flaques à marée basse. Il n'a pas de tentacules sur la tête. Malgré les complications dues aux marées ou à la houle, les espèces sédentaires sont capables de retrouver leur cachette après une petite sortie. Ce comportement n'est pas une exception mais a attisé la curiosité des scientifiques. Ces derniers ont montré que le Mordocet se repère par rapport à sa cachette même après avoir été artificiellement déplacé dans un environnement qu'il ne connaît pas. Les facultés utilisées par cette espèce pour réaliser cet exploit restent un mystère, mais l'orientation grâce au champ magnétique semble être une des hypothèses probables.

Mordocet (*Lipophrys pholis*)

Porte-écuelle de Candolle (*Lepadogaster candolii*)

Le Porte-écuelle de Gouan (*Lepadogaster lepadogaster*) ou **de Candolle** (*Lepadogaster candolii*)

Poisson osseux
Famille : Gobiésocidés
Distribution : mer du Nord, Manche et Atlantique
Habitat : il faut avoir l'œil averti pour apercevoir ce poisson ventousé sous les pierres à partir de la zone moyenne du médiolittoral. Sa ventouse lui permet de résister au ressac.

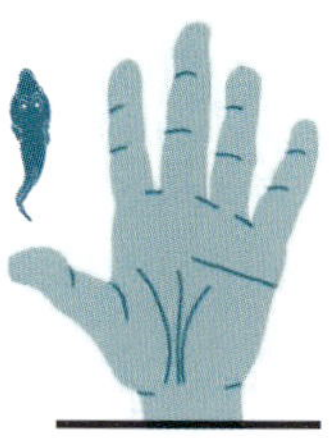

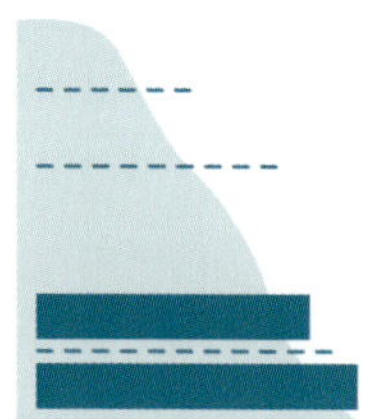

Porte-écuelle ? Drôle de nom pour un poisson ! Drôle de nom pour un drôle de poisson, qui se caractérise par une puissante ventouse sous son corps résultant de l'adaptation de ses nageoires ventrales. L'origine de son nom suppose deux hypothèses. La première affirme que sa ventouse est si puissante que, collée à une écuelle, on peut déplacer celle-ci en soulevant le poisson. La deuxième dit que la ventouse ressemble à une écuelle (ou à un plat de barbier, ce qui explique un autre nom qui lui est parfois donné : le Barbier). D'autres le nomment par son nom scientifique, Lepadogaster, qui vient de *lepa* (rocher) et de *gaster* (estomac, ventre) et peut se traduire par « ventre collé au rocher ».

Ce petit poisson, avec sa tête large et sa bouche en bec de canard, se trouve à marée basse ventousé sous une pierre, à attendre tranquillement que la marée remonte. Sa ventouse lui permet également de résister au ressac et aux courants forts. Il n'est pas rare, mais tout simplement bien caché, et semble être très fidèle à son refuge. Si l'envie vous prend de l'observer et de le décoller de son rocher, il vous faudra attendre qu'il lâche prise de lui-même pour ne pas le blesser.

Il en existe plusieurs espèces sur nos littoraux. Les deux plus remarquables sont le Lepadogaster de Gouan, avec ses deux taches bleues qui font penser à une paire de lunettes posée sur la tête, et le Lepadogaster de Candolle qui, lui, porte des taches rouges sur les joues derrière les yeux. Au printemps ou en été, on peut surprendre un couple ou un des deux parents près de deux cents ou trois cents œufs les protégeant avant leur éclosion. Les poissons de ces espèces vivent quatre ou cinq ans et deviennent adultes au cours de leur deuxième année.

S'il n'est pas très bon nageur, le Porte-écuelle est en revanche très vif sur de courtes distances, ce qui fait de lui un bon prédateur. Plutôt nocturne, il se nourrit de petits invertébrés (copépodes, gastéropodes, etc). Le Lepadogaster de Candolle a de l'audace : il a été observé en Méditerranée en train de nettoyer la cavité buccale du grand Mérou, qui, bouche béante, attendait la fin du service. C'est une espèce plus mobile que le Lepadogaster de Gouan, et ses juvéniles, qui possèdent souvent une barre claire entre les yeux, « habitent » volontiers sous un Oursin entre ses piquants.

Porte-écuelle de Candolle
(Lepadogaster candolii)

Porte-écuelle de Gouan
(Lepadogaster lepadogaster)

Pêche à l'houët

Le Lançon commun (*Hyperoplus lanceolatus*) et **le Lançon équille** (*Ammodytes tobianus*)

Poisson osseux
Famille : Ammodytidés
Distribution : mer du Nord, Manche, Atlantique et Méditerranée

Habitat : on ne peut voir le Lançon que si on le cherche lors des grandes marées en creusant dans les bancs de sable.

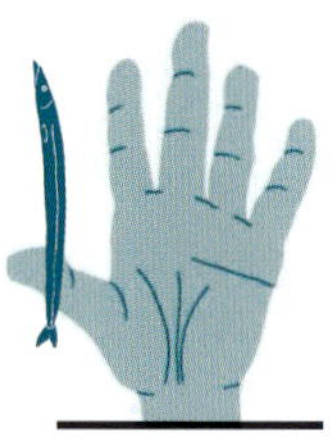

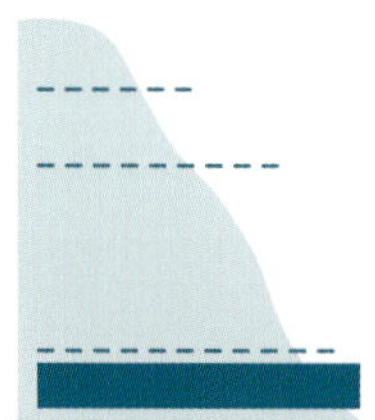

Les Lançons qui fréquentent notre littoral sont représentés par plusieurs espèces. Toutefois ceux que l'on peut pêcher lors des grandes marées sont le plus souvent des Lançons équille (*Ammodytes tobianus*), ou plus rarement des Lançons communs (*Hyperoplus lanceolatus*). Les premiers dépassent rarement les 15 centimètres de long tandis que les seconds, qui préfèrent les eaux un peu plus profondes, mesurent communément 20 à 30 centimètres.

Le Lançon jouit d'une grande popularité chez les pêcheurs de Bar, puisqu'il serait la proie favorite de ce dernier. Il est d'ailleurs quelquefois pêché par les professionnels (au chalut) dans l'unique but de servir d'appât. C'est pourtant un excellent poisson à consommer en friture. Le Lançon est utilisé pour « bouetter les palangres »... Pour les non initiés : la palangre est une ligne de pêche immergée entre deux bouées et sur laquelle sont fixées un grand nombre d'autres petites lignes hameçonnées. Le « bouette » (qui vient probablement du mot « nourriture » en breton) signifie l'appât. Autrement dit, on accroche des Lançons vivants aux hameçons pour appâter le Bar ou le Lieu. Notez qu'on peut aussi bouetter les casiers à crustacés. Bien que le leurre en plastique s'impose désormais par sa simplicité, certains pêcheurs professionnels de Bar de ligne pêchent encore aux Lançons vivants.

Pour les pêcheurs à pied, le Lançon s'attrape à l'occasion de grandes marées sur certaines plages où il a ses habitudes de fréquentation, principalement en Manche. Le plus dur est de trouver « le coin »... Lorsqu'un premier Lançon est découvert, les suivants ne sont en général pas loin. La pêche est divertissante, surtout si elle est pratiquée en famille. Le plus costaud doit soulever le sable à l'aide d'une bêche, d'un râteau, d'un butoir à pomme de terre ou plus spécifiquement d'une houët à Lançons. Il trace ensuite un sillon dans le sable, à la recherche de petits frétillements argentés. C'est à ce moment-là que les plus agiles et rapides rentrent en action. Il faut agir au plus vite pour saisir le poisson, au risque qu'il ne retourne d'où il vient et ne disparaisse en un éclair. Si vous êtes seul, le plus efficace est d'utiliser une petite bâche pour déposer le sable retourné et ainsi éviter que les poissons ne regagnent la plage au lieu de finir en friture.

Le profil du Lançon fait la particularité de ce poisson : se faufiler dans le sable avec une rapidité exceptionnelle ! Le jour, il part se nourrir en banc à la recherche de petits crustacés ou de petits alevins, et retrouve ensuite le sable pour une période de repos à l'abri des prédateurs. Les stocks de Lançons en Europe sont menacés car il est pêché pour servir de base à la fabrication de farine animale, alors qu'il joue un rôle considérable dans la chaîne alimentaire. Ses bancs sont la principale source de nourriture d'un nombre important d'espèces de poissons (Merlans, Morues, Harengs, Bars...), d'oiseaux (Macareux, Fous de Bassan...), mais aussi de Dauphins et de Phoques.

Lançon commun
(*Hyperoplus lanceolatus*)

Lançon équille
(*Ammodytes tobianus*)

Le Chabot buffle gonfle ses ouïes pour impressionner.

Le Chabot buffle
(*Taurulus bubalis*)

Poisson osseux
Famille : Cottidés
Distribution : mer du Nord, Manche, Atlantique et Méditerranée
Habitat : vit à partir de l'étage médiolittoral moyen, il se cache dans les algues et sous les pierres à marée basse.

Le Chabot buffle se voit affublé d'autres noms évocateurs comme Scorpion de mer, Crapaud de mer ou encore Diable de mer (ces noms peuvent toutefois aussi désigner d'autres espèces proches). Il faut dire que sa tête est digne des monstres de papier si colorés qui égayent les fêtes chinoises. La largeur de l'animal correspond à celle de sa bouche, pratique pour faire rapidement un bon repas ! Ce n'est pas une espèce qui se déplace beaucoup ; il chasse à l'affût et gobe en une bouchée crustacés, vers, mollusques ou poissons (aussi gros que lui) qui passent à sa portée.

Ce petit poisson est très fréquent dans les endroits rocheux de notre littoral (un peu plus rare en Méditerranée), où il aime se cacher dans les algues. Il peut aussi habiter les herbiers de Zostères ou de Posidonies (p. 26) et supporte les eaux saumâtres des estuaires. Comme la Blennie (p. 178) et le Gobie (p. 176), le Chabot buffle peut survivre hors de l'eau en attendant que la marée remonte. On le trouve habituellement sous les pierres, mais, présomptueux de l'efficacité de son camouflage, il peut aussi choisir de rester à découvert sur le sable ou les cailloux, sans aucun mouvement. L'œil aguerri d'un explorateur du bord de mer en culottes courtes, bien décidé à découvrir la vie qui s'y déroule, aura raison de l'attitude téméraire du Chabot buffle.

Le Chabot buffle revêt de multiples couleurs et ressemble à la Rascasse, une cousine aux épines venimeuses très commune en Méditerranée (et dans la bouillabaisse). Les épines du Chabot buffle sont positionnées sur les opercules qui protègent les branchies et sur le dessus de la tête, mais elles ne piquent pas vraiment. Bien que ce ne soit pas vérifié, certains prétendent qu'elles seraient venimeuses en période de frai. Une chose est certaine, c'est que lorsqu'on s'en saisit, le poisson gonfle ses ouïes et adopte une attitude fort intimidante, qui lui donne un air de ressemblance avec certains dinosaures.

On peut reconnaître le mâle grâce à ses nageoires pelviennes (sous l'animal) plus longues que celles de la femelle. Pendant la période de reproduction les couleurs de ces poissons s'intensifient : le ventre est franchement bleu-vert chez la femelle et jaune-orange chez le mâle. Au printemps, la femelle pond de gros paquets d'œufs jaune-orange à même le sol, que le mâle s'empresse de venir féconder et qu'il gardera jusqu'à leur éclosion.

Raie brunette (*Raja undulata*)

Petite Roussette (*Scyliorhinus canicula*)

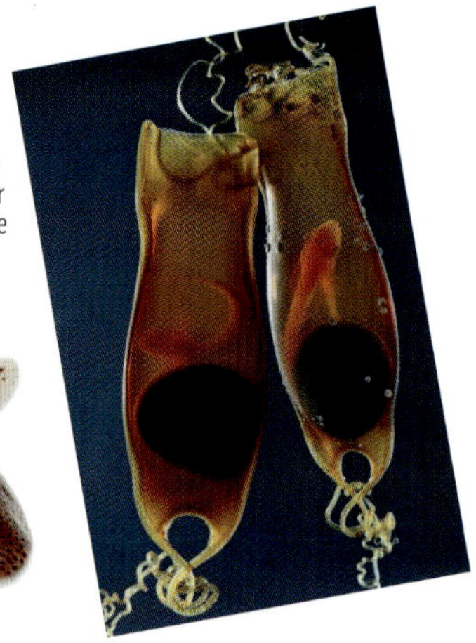

Embryons de Petite Roussette visibles par transparence

La Petite Roussette (*Scyliorhinus canicula*) La Raie brunette (*Raja undulata*)

Embryon de la Raie bouclée (*Raja clavata*)

Poissons cartilagineux
Famille : Yliorhinidés et Rajidés
Distribution : mer du Nord, Manche, Atlantique et Méditerranée

Habitat : les œufs de ces deux poissons se trouvent dans les laisses de mer souvent après un coup de vent ou une grande marée. Les adultes vivent au large.

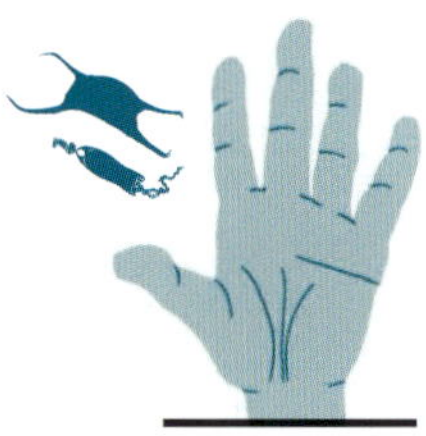

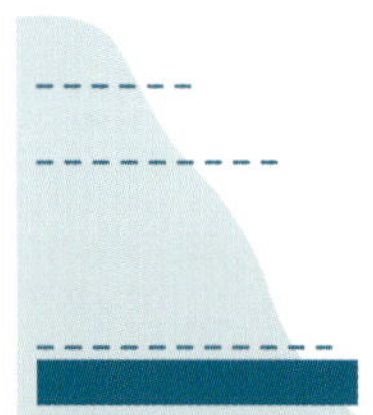

Les Roussettes et les Raies ne sont pas vraiment des habituées du rivage. Cependant, on trouve fréquemment des traces de leur présence non loin des côtes, dans les laisses de mer (les accumulations de débris flottants déposés sur les plages par les vagues). Ces traces que la marée nous apporte sont… les enveloppes de leurs œufs !

Ces deux poissons sont des Chondrichthyens (du grec *chondros* : cartilage, et *ichthys* : poisson) : des poissons cartilagineux. La grande majorité de ces poissons se reproduit en pondant des œufs composés d'une capsule qui contient l'albumen, l'embryon et le sac vitellin. Ces capsules de forme très caractéristique nous renseignent sur l'espèce qui les a pondues. Plusieurs programmes de science participative invitent les promeneurs du littoral à identifier les capsules trouvées afin de recenser les espèces de Raies et de Roussettes.

La Petite Roussette est un petit requin qui vit sur les fonds sableux, de 20 à plusieurs centaines de mètres de profondeur. C'est un poisson vendu débité en filets sous le nom de Saumonette (considéré comme plus vendeur). La peau des Roussettes (appelée aussi galuchat ou encore peau de chagrin) est recouverte d'écailles très abrasives et était utilisée autrefois pour parfaire le ponçage du bois. Ce petit requin (1 mètre maximum) se nourrit de petits crustacés, de petits poissons, de Bulots (p. 110) et d'autres mollusques. Les accouplements ont lieu à la fin de l'été ; le mâle s'enroule alors autour de la femelle, la mord et la féconde sans réelle douceur. La femelle, qui stocke les spermatozoïdes, pond ses œufs au rythme de deux tous les cinq à quinze jours jusqu'au printemps suivant. Elle frôle les algues jusqu'à ce que les filaments des œufs s'y accrochent. Dans ces derniers les embryons vont prospérer entre cent à deux cent cinquante jours, jusqu'à leur sortie sous forme de Petite Roussette d'une dizaine de centimètres. Les capsules qui mesurent plus de 5 centimètres appartiennent à l'espèce *Scyliorhinus stellaris* : la Grande Roussette, moins commune. Les capsules vides qui se sont décrochées partent s'échouer sur la plage, baptisées du joli nom de « bourse de sirène » à cause de leurs petits cordons entortillés.

Quant à la Raie, ce poisson aplati n'a pas fait dans l'originalité comme la Sole (p. 174), il repose bien sur son ventre et non sur son flanc. C'est en quelque sorte un requin qui se serait aplati sur le sable. La bouche de la Raie est ventrale, elle plaque donc ses proies au sol pour les manger (poissons, crustacés…). Le jour, elle se repose cachée sous un peu de sable. La voir nager lorsqu'elle ondule de ses grandes « ailes » est un superbe spectacle. De nombreuses espèces vivent sur notre littoral, mais la Raie brunette est la plus fréquente près de nos côtes. Comme chez la Roussette, le mâle féconde la femelle à l'aide de ses ptérygopodes (organes copulateurs visibles aux côtés des nageoires pelviennes). La femelle pond, à la fin de l'hiver et jusqu'en été, une trentaine d'œufs qu'elle dépose sur le sol. La pêche, une croissance lente et une fécondité faible ont obligé certaines espèces de Raie à entrer sur la triste Liste rouge des espèces en danger d'extinction.

Œuf de Raie
Œuf de Roussette

Bibliographie

Générale

- *Guide des bords de mer* – P. Hayward, T. Nelson-Smith et C. Shields (Delachaux et Niestlé, 2014)
- *Connaître et reconnaître la faune du littoral* – Y. Turquier et M. Loir (Éditions Ouest-France, 1992)
- *Copain des mers* – V. Tracqui et F. Vayssieres (Milan, 2008)
- *Bords de mer* – C. Gibson et A. Mantilleri (Larousse, 2009)
- *Découvrir et comprendre le littoral* – P. Urvois (Association ACCES, 1999)
- *La biodiversité littorale vue par Mathurin Méheut* – M. Glémarec et M. Méheut (Le Télégramme, 2010)

Flore

- *Connaître et reconnaître la flore et la végétation des côtes Manche-Atlantique* – G. Claustres et C. Lemoine (Éditions Ouest-France, 1994)
- *Guide des plantes du bord de mer : Atlantique et Manche* – C. Bock (Belin, 2011)

Crustacés

- *Guide des homards, crabes, langoustes, crevettes et autres crustacés décapodes d'Europe* – L. Falciai et R. Minervini (Delachaux et Niestlé, 1996)

Algues

- *Les algues du littoral* – P. Gayral et J. Cosson (Éditions Ouest-France, 2001)
- *Les algues du littoral : Mer du Nord, Manche, Atlantique* – L. Le Gall, B. de Reviers et F. Rousseau (Éditions Ouest-France, 2011)

Coquillages

- *Les coquillages de nos rivages* – R. Le Neuthiec (Éditions Quæ, 2013)
- *Les coquillages dans l'histoire des hommes* – J. Brisou (Éditions Ouest-France, 1992)
- *Les coquillages : les bivalves* – J. Marcy (Boubée, 2002)
- *Coquillages des côtes atlantiques et de la Manche* – Ph. Bouchet, F. Danrigal et C. Huyghens (Éditions du Pacifique, 1978)

Poissons

- *Poissons de mer et de pêche* – B.J. Muus, J.-G. Nielsen *et al.* (Delachaux et Niestlé, 2014)
- *Les poissons des côtes de France* – M. Loir (Éditions Ouest-France, 2007)
- *Le Rêve de l'anguille : une sentinelle en danger* – E. Feunteun (Buchet-Chastel, 2012)

Divers

- *Mer Méditerranée* – A. Mojetta (Éditions White Star, 2010)
- *Pêche à pied en bord de mer* – G. Houdou et P. Durantel (Artémis, 2005)
- *Les animaux étranges du bord de mer* – M. Loir (Éditions Ouest-France, 2007)

Sites internet

Général

- Données d'Observations pour la Reconnaissance et l'Identification de la faune et de la flore Subaquatiques : http://doris.ffessm.fr

- http://www.marinespecies.org
- http://nature22.com/estran22/estran.html

Algues

- Guide des Bonnes Pratiques à l'usage des récoltants d'algues de rive (Inter Bio Bretagne) : http://www.interbiobretagne.asso.fr/upload/File/Publications/guide-recolte-algues-29122013.pdf

Flore

- http://www.tela-botanica.org

Divers

- Agence des aires marines protégées : http://www.aires-marines.fr

- Suivis sanitaires et pêche à pied récréative en Bretagne : http://www.pecheapied-responsable.fr

- Association IODDE : http://www.iodde.org

- Association VivArmor Nature : http://www.vivarmor.fr

Index

A

B

C

D

E

F

G

H

I

J

L

M

N

O

P

Q

R

S

T

U

V

Z

Pour une pêche respectueuse et durable

L'estran est un milieu naturel d'une très grande richesse, il est indispensable de pratiquer une pêche à pied éco-responsable et de respecter scrupuleusement les réglementations locales en vigueur (taille minimale, date, quantité) afin de conserver notre biodiversité.

Citons quelques bienfaisants acteurs :

Association IODDE (Ile d'Oléron Développement Durable Environnement), leur principale action s'intitule « R.E.V.E. » (Reconquête Et Valorisation des Estrans) : http://www.iodde.org

Association VIVARMOR NATURE : http://www.vivarmor.fr

Fédération Nationale des Pêcheurs Plaisanciers et Sportifs de France : http://fnppsf.fr

Conservatoire du littoral : www.conservatoire-du-littoral.fr

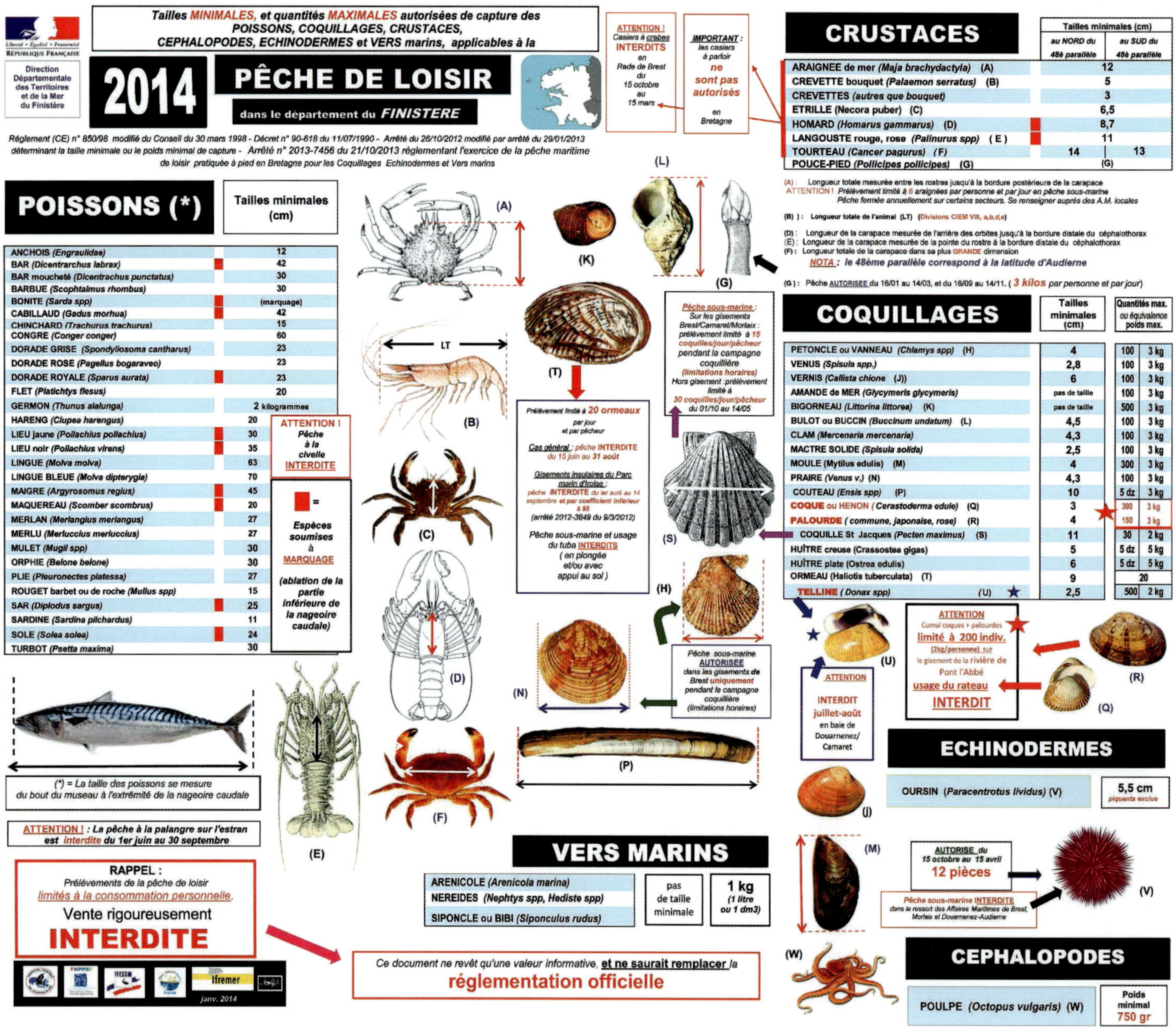

Liberté • Égalité • Fraternité
RÉPUBLIQUE FRANÇAISE
Direction Départementale des Territoires et de la Mer du Finistère

Tailles MINIMALES, et quantités MAXIMALES autorisées de capture des POISSONS, COQUILLAGES, CRUSTACES, CEPHALOPODES, ECHINODERMES et VERS marins, applicables à la

2014 PÊCHE DE LOISIR

dans le département du *FINISTERE*

Réglement (CE) n° 850/98 modifié du Conseil du 30 mars 1998 - Décret n° 90-618 du 11/07/1990 - Arrêté du 26/10/2012 modifié par arrêté du 29/01/2013 déterminant la taille minimale ou le poids minimal de capture - Arrêté n° 2013-7456 du 21/10/2013 réglementant l'exercice de la pêche maritime de loisir pratiquée à pied en Bretagne pour les Coquillages Echinodermes et Vers marins

ATTENTION ! Casiers à crabes INTERDITS en Rade de Brest du 15 octobre au 15 mars

IMPORTANT : les casiers à parloir ne sont pas autorisés en Bretagne

POISSONS (*)

POISSONS (*)		Tailles minimales (cm)
ANCHOIS (*Engraulidae*)		12
BAR (*Dicentrarchus labrax*)	■	42
BAR moucheté (*Dicentrachus punctatus*)		30
BARBUE (*Scophtalmus rhombus*)		30
BONITE (*Sarda spp*)	■	(marquage)
CABILLAUD (*Gadus morhua*)	■	42
CHINCHARD (*Trachurus trachurus*)		15
CONGRE (*Conger conger*)		60
DORADE GRISE (*Spondyliosoma cantharus*)		23
DORADE ROSE (*Pagellus bogaraveo*)		23
DORADE ROYALE (*Sparus aurata*)	■	23
FLET (*Platichtys flesus*)		20
GERMON (*Thunus alalunga*)		2 kilogrammes
HARENG (*Clupea harengus*)		20
LIEU jaune (*Pollachius pollachius*)	■	30
LIEU noir (*Pollachius virens*)	■	35
LINGUE (*Molva molva*)		63
LINGUE BLEUE (*Molva dipterygia*)		70
MAIGRE (*Argyrosomus regius*)	■	45
MAQUEREAU (*Scomber scombrus*)	■	20
MERLAN (*Merlangius merlangus*)		27
MERLU (*Merluccius merluccius*)		27
MULET (*Mugil spp*)		30
ORPHIE (*Belone belone*)		30
PLIE (*Pleuronectes platessa*)		27
ROUGET barbet ou de roche (*Mullus spp*)		15
SAR (*Diplodus sargus*)	■	25
SARDINE (*Sardina pilchardus*)		11
SOLE (*Solea solea*)	■	24
TURBOT (*Psetta maxima*)		30

ATTENTION ! Pêche à la civelle INTERDITE

■ = Espèces soumises à MARQUAGE (ablation de la partie inférieure de la nageoire caudale)

(*) = La taille des poissons se mesure du bout du museau à l'extrêmité de la nageoire caudale

ATTENTION ! : La pêche à la palangre sur l'estran est interdite du 1er juin au 30 septembre

RAPPEL :
Prélèvements de la pêche de loisir limités à la consommation personnelle.
Vente rigoureusement **INTERDITE**

Ifremer
janv. 2014

CRUSTACES

CRUSTACES		Tailles minimales (cm) au NORD du 48è parallèle	Tailles minimales (cm) au SUD du 48è parallèle
ARAIGNEE de mer (*Maja brachydactyla*) (A)		12	
CREVETTE bouquet (*Palaemon serratus*) (B)		5	
CREVETTES (*autres que bouquet*)		3	
ETRILLE (Necora puber) (C)		6,5	
HOMARD (*Homarus gammarus*) (D)	■	8,7	
LANGOUSTE rouge, rose (*Palinurus spp*) (E)	■	11	
TOURTEAU (*Cancer pagurus*) (F)		14	13
POUCE-PIED (*Pollicipes pollicipes*) (G)		(G)	

(A) : Longueur totale mesurée entre les rostres jusqu'à la bordure postérieure de la carapace
ATTENTION ! *Prélèvement limité à 6 araignées par personne et par jour en pêche sous-marine. Pêche fermée annuellement sur certains secteurs. Se renseigner auprès des A.M. locales*

(B)) : Longueur totale de l'animal (LT) (Divisions CIEM VIII, *a,b,d,e*)

(D) : Longueur de la carapace mesurée de l'arrière des orbites jusqu'à la bordure distale du céphalothorax
(E) : Longueur de la carapace mesurée de la pointe du rostre à la bordure distale du céphalothorax
(F) : Longueur totale de la carapace dans sa plus GRANDE dimension

NOTA : *le 48ème parallèle correspond à la latitude d'Audierne*

(G) : Pêche AUTORISEE du 16/01 au 14/03, et du 16/09 au 14/11. (*3 kilos par personne et par jour*)

(A) (K) (L) (G) LT (B) (T) (S) (C) (H) (D) (N) (P) (E) (F)

Prélèvement limité à 20 ormeaux par jour et par pêcheur

Cas général : pêche INTERDITE du 15 juin au 31 août

Gisements insulaires du Parc marin d'Iroise : pêche INTERDITE du ier avril au 14 septembre et par coefficient inférieur à 95 (arrêté 2012-3849 du 9/3/2012)

Pêche sous-marine et usage du tuba INTERDITS (en plongée et/ou avec appui au sol)

Pêche sous-marine : Sur les gisements Brest/Camaret/Morlaix : prélèvement limité à 15 coquilles/jour/pêcheur pendant la campagne coquillière (limitations horaires) Hors gisement : prélèvement limité à 30 coquilles/jour/pêcheur du 01/10 au 14/05

Pêche sous-marine AUTORISEE dans les gisements de Brest uniquement pendant la campagne coquillière (limitations horaires)

COQUILLAGES

COQUILLAGES	Tailles minimales (cm)	Quantités max.	ou équivalence poids max.
PETONCLE ou VANNEAU (*Chlamys spp*) (H)	4	100	3 kg
VENUS (*Spisula spp.*)	2,8	100	3 kg
VERNIS (*Callista chione* (J))	6	100	3 kg
AMANDE de MER (*Glycymeris glycymeris*)	pas de taille	100	3 kg
BIGORNEAU (*Littorina littorea*) (K)	pas de taille	500	3 kg
BULOT ou BUCCIN (*Buccinum undatum*) (L)	4,5	100	3 kg
CLAM (*Mercenaria mercenaria*)	4,3	100	3 kg
MACTRE SOLIDE (*Spisula solida*)	2,5	100	3 kg
MOULE (Mytilus edulis) (M)	4	300	3 kg
PRAIRE (*Venus v.*) (N)	4,3	100	3 kg
COUTEAU (*Ensis spp*) (P)	10	5 dz	3 kg
COQUE ou HENON (*Cerastoderma edule*) (Q) ★	3	300	3 kg
PALOURDE (*commune, japonaise, rose*) (R) ★	4	150	3 kg
COQUILLE St Jacques (*Pecten maximus*) (S)	11	30	2 kg
HUÎTRE creuse (Crassostea gigas)	5	5 dz	5 kg
HUÎTRE plate (Ostrea edulis)	6	5 dz	5 kg
ORMEAU (Haliotis tuberculata) (T)	9	20	
TELLINE (*Donax spp*) (U) ★	2,5	500	2 kg

ATTENTION : INTERDIT juillet-août en baie de Douarnenez/Camaret

ATTENTION : Cumul coques + palourdes limité à 200 indiv. (2kg/personne) sur le gisement de la rivière de Pont l'Abbé — usage du rateau INTERDIT

(U) (R) (Q) (J) (M) (V) (W)

ECHINODERMES

OURSIN (*Paracentrotus lividus*) (V)	5,5 cm piquants exclus

AUTORISE du 15 octobre au 15 avril — 12 pièces

Pêche sous-marine INTERDITE dans le ressort des Affaires Maritimes de Brest, Morlaix et Douarnenez-Audierne

VERS MARINS

ARENICOLE (*Arenicola marina*)	pas de taille minimale	1 kg (*1 litre ou 1 dm3*)
NEREIDES (*Nephtys spp, Hediste spp*)		
SIPONCLE ou BIBI (*Siponculus rudus*)		

CEPHALOPODES

POULPE (*Octopus vulgaris*) (W)	Poids minimal 750 gr

Ce document ne revêt qu'une valeur informative, **et ne saurait remplacer** *la* **réglementation officielle**

© DML/Service Économie Emploi Maritime
Document disponible sur le site de la DDTM du Finistère

Achevé d'imprimer en France en août 2014 par Pollina - L69257